U1016059

高职院校创新创业教育研究

◎ 李 兵 著

湘潭大学出版社
XIANGTAN UNIVERSITY PRESS

自　序

2020年教育部等九部门印发的《职业教育提质培优行动计划（2020—2023年）》（教职成〔2020〕7号）指出要落实立德树人根本任务，构建职业教育“三全育人”新格局，计划期间明确培育遴选100个左右名班主任工作室。为进一步提高高职院校立德树人教育质量，提高高职生思想政治教育工作有效性，根据《职业教育提质培优行动计划（2020—2023年）》要求，高职院校以建设名班主任工作室为核心，协同学校就业指导中心、心理健康教育中心、创新创业教育中心、教学团队等，对落实立德树人任务、提升班主任能力、促进班主任职业发展具有重要的指导作用。本书作为常州机电职业技术学院名班主任建设项目的物化成果，主要围绕高职院校创新创业教育人才培养研究与实践进行撰写。

高等职业教育是我国教育的重要组成部分，经历了曲折、起伏的不平凡的发展历程。从高等教育的辅助作用发展到占高等教育半壁江山，成为实现中国高等教育的生力军，成为中国经济发展、产业升级、高素质技术技能人才培养的主力军，在中国高等教育和社会发展中扮演着重要角色。高等职业教育是教育发展中的一个类型，肩负着为经济社会建设与发展培养人才的使命；同时，高等职业教育也是我国职业教育体系中的高层次教育。高职院校作为高等职业教育人才培养的主要载体，承载着为地方经济发展、产业升级、国家人才培养的重要作用，担负着国家高技术技能人才培养、工匠精神养成、国际交流人才培养的重大责任。

2015 年 5 月，国务院颁行《关于深化高等学校创新创业教育改革的实施意见》，站在国家实施创新驱动发展战略、促进经济提质增效升级，推进高等教育综合改革、促进高校毕业生更高质量创业就业的高度，明确了深化高等学校创新创业教育改革的指导思想、基本原则、总体目标。截止到目前，国务院先后从不同层面颁发有关创新创业的文件和政策法规，说明国家对高校创新创业教育给予大力支持。国家对高等职业教育创新创业教育越来越重视，先后发布了《高等职业教育创新发展行动计划（2015—2018）》、《国务院关于推动创新创业高质量发展打造“双创”升级版的意见》国发〔2018〕32 号、《现代职业教育体系建设规划（2014—2020 年）》等有关高等职业教育创新创业有关政策。政策对高职院校创新型人才培养、创新创业教育给出了指导性的意见，对教育教学、课程建设、师资队伍建设、办学模式等方面的有关创新创业教育也给予重视，“双创”升级版的意见明确指出在全国高校推广创业导师制，把创新创业教育和实践课程纳入高校必修课体系，允许大学生用创业成果申请学位论文答辩。支持高校、职业院校（含技工院校）深化产教融合，引入企业开展生产性实习实训。有关对高职院校创新创业教育现有理论研究主要集中于教育理念、运行机制、课程建设、资源保障等方面，以期建立更加科学完善的创新创业教育人才培养模式。宏观上探讨创新创业教育培养人才的模式，部分高职院校依据自身特点，调动优势资源探索和实践创新创业教育模式，并对已有经验进行总结；微观上探讨实践平台、保障体系等方面的具体改革措施。

笔者从事高职院校学生教育管理工作多年，并进行高职生创新创业教育课程授课，指导学生参加各类创新创业教育竞赛等。本书根据工作心得，结合对高职院校创新创业教育的理解和已有研究成果，从高职院校人才培养角度进行高职院校创新创业教育研究。本书共分六个部分：第一部分是创新创业教育的基础研究，主要研究创新、创业的概念及关系等；第二部分是结合国家对高职院校创新创业教育政策支持、创新创业教育实际情况、高职生创新创业教育现状，对高职院校专业建设、“双高”计划下创新创业教育研究等方面进行高职院校创新创业教育体系构建、能力提升、评价等分析；第三部分是社会主义核心价值观教育下的高职院校创新创业教育，采用理论分析、数据调研等手段进行高职生对社会主义核心价值观认知分析，用社会主义核心价值观引领、融入创新创业教育全过程；第四部分是结合高职生职业发展有关概念，从高职生职业价值观、职业生涯规划等角度分析其对高职生创新创业教育的影响，重点研究高职生创业能力的提升；第五部分是结合高职院校社团建设研究，分析高职院校社团、专业社团、创业社团建设情况，把高职院校创新创业教育融入社团建设，通过社团建设促进高职院校创新创业教育；第六部分是结合高职院校校企合作，分析校企合作人才培养模式、校企合作在人才培养中的作用，研究高职院校创新创业教育。

本书从多维度进行高职院校创新创业教育研究，分析不同维度下高职院校创新创业教育存在的问题、原因及解决办法。用类似专题研究形式进行了高职院校创新创业教育育人研究。希望本书能为高职院校创新创业教育工作者提供一个学习交流平台，为高职生进行创新创业教育的理论学习和实践提供指导。

目　录

第一章　创新创业教育人才培养相关概念表述

一、创新概念

“创新”的概念涉及经济学、社会学、管理学等多个领域，分类众多。1911年，创新理论的奠基人、美籍奥地利经济学家约瑟夫·熊皮特出版的《经济发展理论》英文版一书中首先使用了“创新”一词。他认为：“创新”是指新技术、新发明在生产中的首次应用。① 管理学大师德鲁克进一步发展了熊彼特的创新理论，在《创新与企业家精神》一书中认为，创新是赋予资源新的创造财富能力的行为。②

创新通常等同于创造力，但是两者又有所不同：创新通常指根据新颖的想法在相关领域中做出具体而实在的改变。每一次创新都源于一个新奇的想法，而创新意味着成功地将这个想法在一个组织中付诸实践。从这一点来看，个人或者团队的创造力是创新的起点，这种定义包含的想法是非常模糊的，意味着创新不仅仅是单纯创造力的体现。创新产生了一个有价值的结果：一

① 许玉乾．关于“创新”概念的几点新思考［J］．淮阴师范学院学报（哲学社会科学版），2006（4）：458－462.

② 彼得·德鲁克．创新与企业家精神［M］．蔡文燕，译．北京：机械工业出版社，2007.

种新产品、一种新服务、一种新商业模式、一种新自主性、一个新项目。创新和研究、发明有关，但它们也不是同义词。发明是一种新形势、问题或设备的新组合、新巧程的产生。在已有形式、产品、过程上的提高，可以是发明，可以是创新，可以既是发明又是创新，如果不是足够重大也可以两者都不是。区分改变和创新是很困难的。从商业意义上，一种改变或改进只有在市场中是有价值的或是得到足够的社会和商界认同时才能算得上是一种创新。

创新是指以现有的思维模式提出有别于常规或常人思路的见解为导向，利用现有的知识和物质，在特定的环境中，本着理想化需要或为满足社会需求，而改进或创造新的事物、方法、元素、路径、环境，并能获得一定有益效果的行为。创新从哲学上说是一种人的创造性实践行为，这种实践为的是增加利益总量，需要对事物和发现的利用和再创造，特别是对物质世界矛盾的利用和再创造。人类通过对物质世界的利用和再创造，制造新的矛盾关系，形成新的物质形态。

创意是创新的特定思维形态，意识的新发展是人对于自我的创新。发现与创新构成人类相对于物质世界的解放，是人类自我创造及发展的核心矛盾关系。其代表两个不同的创造性行为。只有对于发现的否定性再创造才是人类创新发展的基点。实践是创新的根本所在。创新的无限性在于物质世界的无限性。

二、创业概念

创业是一个包含多个学科领域的复杂行为，不同的学科领域都有其特定的概念和术语、研究视角，包括经济学、管理学、社会学、心理学、人类学等，在不同的学科领域又衍生出了不同的创业研究方向。“创业”一词在英文中主要有“venture”和“entrepreneurship”两种表述方式，后者主要是从“创业家”“企业家”等角度来理解“创业”，侧重表示静态的“创业状态”，随着创业活动的频繁，还被赋予了“企业家活动”的内涵。“venture”一词的原意是“冒险”，但在企业创业领域还被赋予了“冒险创建企业”，这一新的表示动作特征的内涵，主要用于表示动词。在我国，“创业”一词可追溯到千年以前。尽管“创业”一词在文献中出现得很早，但学术界对创业的定义未能达成共识。创业是一个试图去理解机会是如何被那些特殊的人们发现或创造，并创造出一些新的东西（比如新产品或新服务、新的市场、新的生产线或原材料，组织已有技术的新方式），然后通过各种方式开发和发展这些东西，最终产生广泛影响的商业领域。郁义鸿认为创业是一个过程，在这个过程中通过发现和捕获商业机会，组织各种资源进一步创造出新颖的产品或服务项目，从而实现其潜在价值，即开拓创造业绩和成就。①

三、创新创业教育

1912 年，熊皮特在《经济发展理论》一书中提出，社会经济的发展就是“创新”带来的，创业又是创新的重要驱动力。② 创新创业教育最早源于美国，1947 年美国哈佛大学商学院首开的《新创企业管理》被公认为是第一门创新创业课程，但是由于受当时社会经济环境的影响，并未推广开。③ 但是，随着 20 世纪 70 年代经济环境的变化，以高科技为主导的中小企业快速发展，为社会创造了更多的社会财富和就业岗位。在这样的背景下，1987 年，斯坦福大学和纽约大学开创了现代的 MBA 创业教育课程体系，这标志着创新创业教育在美国及其他发展国家迅速开展起来。④ 百森商学院于 1967 年在全球首次推出创业管理的研究生课程，并声称自己“集中于创新创业教育”；南加州大学于 1971 年，提供了有关创业的工商管理硕士学位；1973 年东北大学开设了我国第一个创业学本科专业⑤；哈佛大学从 20 世纪 90 年代中期开始培养创业学方向的工商管理博士⑥。我国则将创新教育看作创业教育的基础和核心，

---

① 郁义鸿等编著. 创业学［M］. 上海：复旦大学出版社，2000.

② 李乾文. 熊彼特的创新创业思想、传播及其评述［J］. 科学学与科学技术管理，2005（8）：76－81.

③ 陈涛，王伟祖，王吴芳. 美国高校创业教育体系及其特点［J］. 新西部，2010（6）：249－250.

④ 王丽娟，高志宏. 大学生创新创业教育研究［J］. 中国青年研究，2012（10）：96－99.

⑤ 王丽娟，高志宏. 大学生创新创业教育研究［J］. 中国青年研究，2012（10）：96－99.

⑥ 葛莉. 国际创业教育的热点知识群诠释［J］. 高教发展与评估，2011（4）：70－76＋123－124.

将创新教育和创业教育明确融合在一起，提出“创新创业教育”这一新概念①，并从2010年开始在政府文件中使用这一概念，成为高校教育改革的重要内容。

笔者认为创新创业教育主要是作为新的教育理念和人才培养的重要手段，能够培养出更多具有创新意识、创新能力、创造力的创业型人才。

四、创新与创业关系

“创新”和“创业”是两个不同的概念，却又是紧密不可分的整体。创新与创业既有联系，又有区别。熊彼特认为，创新预示着创业，创新来源于创业，并且应该成为评判创业的标准；彼得·德鲁克认为，创新和创业是携手并进的，所有成功的企业家们都进行过系统性的创新实践，所以我们不能脱离了创业来谈创新。分析表明，创新和创业分享与经济增长有着积极的关系，促成一个循环效果，所有变量将起到积极作用。更好的创业和创新将增强经济活动，而后者会对创新和创业活动有积极的影响。创业是利用自己的资源或平台，创新创造出较大的经济或社会价值，实现某种目标的过程。创业必须要做出自己的特色，付出时间、汗水，承担相应的经济和精神风险，最后获得财富、成就感或者实现梦想。从这来看，创业其实也就是创新的过程。没有创新就没有创业。创业必须以有创新能力为前提。因此两者是有机统一的。国内研究一般把创新与创业融为一体，由于高职院校职业教育特性，理论与实践结合比较紧密，创新与创业更是密不可分。

五、创新创业教育课程

广义上看，课程本质上是一种教育性经验，是对主题产生积极影响的各种因素的总和；狭义上，课程专指学校场域中存在和生成的有助于学生积极健康发展的教育性因素以及学生获得的教育性经验。创新创业教育课程是一

① 范文翔. 基于AHP的研究生创新创业教育的评价研究［D］. 重庆师范大学，2016.

类新兴课程，是伴随着我国创新创业教育的兴起而提出的，其建设工作尚在探索阶段。至今，创新创业教育课程概念尚无定论，多数学者在有关创新创业教育课程建设研究的文章中仅对课程体系建设构成，或课程内容、课程意义进行阐释，而何为创新创业教育课程并未明确表述。现有的高职院校中根据学校实际情况，开发了本土化的校本创新创业教育教材，设置了适合校情的创新创业教育课程，对高职院校创新创业教育提供了良好理论教学和实践指导。如大部分学校围绕学生的创意、创新、创造、创业等撰写创新创业教育课程，有的学校把创新创业教育案例整合后编写成创新创业课程教育案例等，形成了形式多样、内容丰富的课程类型。

鲍桂莲等认为，创新创业教育课程体系主要由以下三个层次构成：第一层次，面向全体学生，旨在培养学生创新创业意识、激发学生创新创业动力的普及课程；第二层次，面向有较强创新创业意愿和潜质的学生，旨在提高其基本知识、技巧、技能的对口的系列专业课程；第三层次，旨在培养学生创新创业实际运用能力的各类实践活动课程，要以项目、活动为引导，教学与实践相结合，有针对性地加强对学生创业过程的指导。①《教育部关于大力推进高等学校创新创业教育和高职生自主创业工作的意见》（教办〔2010〕3号）指出，加强创新创业教育课程体系建设，把创新创业教育有效纳入专业教育和文化素质教育教学计划和学分体系，建立多层次、立体化的创新创业教育课程体系。突出专业特色，创新创业类课程的设置要与专业课程体系有机融合，创新创业实践活动要与专业实践教学有效衔接，积极推进人才培养模式、教学内容和课程体系改革。加强创新创业教育教材建设，借鉴国外成功经验，编写适用和有特色的高质量教材。对于高职院校而言，只有结合高等职业教育特色，紧跟专业建设，合理界定创新创业教育课程，方能完善创新创业教育课程建设。

① 鲍桂莲，冯爱秋，肖章柯，杨芳，杨沛．对国内高校创新创业教育状况的分析与思考．中国电力教育，2011（35）：22－23.

六、人才培养模式理论

（一）人才培养模式理论概念

人才培养模式是指在一定的现代教育理论、教育思想指导下，按照特定的培养目标和人才规格，以相对稳定的教学内容和课程体系，管理制度和评估方式，实施人才教育的过程的总和。

我国人才培养模式理论的研究重点是从新时代高等职业教育的教育理念和指导思想进行研究，通过高等职业教育人才培养模式的历史变革、现状、相关成功案例的研究，分析企业所需要人才和高等职业教育培养人才之间的关联，深入分析培养过程中人才培养目标、管理体制、教学方案和过程评估，提出培养模式的改革意见和对策。

（二）高职人才培养

《教育部关于加强高职高专教育人才培养工作的意见》指出，高职高专教育是我国高等教育的重要组成部分，其任务是培养拥护党的基本路线，适应生产、建设、管理、服务第一线需要的，德、智、体、美、劳等方面全面发展的高等技术应用性专门人才。2018 年 9 月 10 日，在全国教育大会上，习近平总书记指出，要努力构建德智体美劳全面培养的教育体系，形成更高水平的人才培养体系。要把立德树人融入思想道德教育、文化知识教育、社会实践教育各环节，贯穿基础教育、职业教育、高等教育各领域，学科体系、教学体系、教材体系、管理体系要围绕这个目标来设计，教师要围绕这个目标来教，学生要围绕这个目标来学。

《国家职业教育改革实施方案》（国发〔2019〕4 号）指出，职业教育与普通教育是两种不同教育类型，具有同等重要地位。把发展高等职业教育作为优化高等教育结构和培养大国工匠、能工巧匠的重要方式，使城乡新增劳动力更多接受高等教育。高等职业学校要培养服务区域发展的高素质技术技能人才，重点服务企业特别是中小微企业的技术研发和产品升级，加强社区教育和终身学习服务。完善学历教育与培训并重的现代职业教育体系，畅通技术技能人才成长渠道。发展以职业需求为导向、以实践能力培养为重点、以产学研用结合为途径的专业学位研究生培养模式，加强专业学位硕士研究生培养。推动具备条件的普通本科高校向应用型转变，鼓励有条件的普通高校开办应用技术类型专业或课程。开展本科层次职业教育试点。制定中国技能大赛、全国职业院校技能大赛、世界技能大赛获奖选手等免试入学政策，探索长学制培养高端技术技能人才。随着经济发展，社会进步，教育部发布《关于职业院校专业人才培养方案制订与实施工作的指导意见》（教职成〔2019〕13 号），指出专业人才培养方案是职业院校落实党和国家关于技术技能人才培养总体要求，组织开展教学活动、安排教学任务的规范性文件，是实施专业人才培养和开展质量评价的基本依据。党的十八大以来，职业教育教学改革不断深化，具有中国特色的国家教学标准体系框架不断完善，职业院校积极对接国家教学标准，优化专业人才培养方案，创新人才培养模式，办学水平和培养质量不断提高。但在实际工作中还一定程度存在着专业人才培养方案概念不够清晰、制订程序不够规范、内容更新不够及时、监督机制不够健全等问题。在育人指导思想方面，以习近平新时代中国特色社会主义思想为指导，深入贯彻党的十九大精神，按照全国教育大会部署，落实立德树人根本任务，坚持面向市场、服务发展、促进就业的办学方向，健全德技并修、工学结合育人机制，构建德智体美劳全面发展的人才培养体系，突出职业教育的类型特点，深化产教融合、校企合作，推进教师、教材、教法改革，规范人才培养全过程，加快培养复合型技术技能人才。2019 年教育部、财政部印发《关于实施中国特色高水平高职学校和专业建设计划的意见》，就实施中国特色高水平高职学校和专业建设计划（简称“双高计划”）作出部署。意见指出，扎根中国大地，全面贯彻党的教育方针，坚定社会主义办学方向，完善职业教育和培训体系，健全德技并修、工学结合的育人机制，服务新时代经济高质量发展，为中国产业走向全球产业中高端提供高素质技术技能人才支撑。教育部等九部门印发的《职业教育提质培优行动计划（2020—2023 年）》

（教职成〔2020〕7号）指出，以习近平新时代中国特色社会主义思想为指导，贯彻党的十九大和十九届二中、三中、四中全会精神，牢固树立新发展理念，落实高度重视、加快发展的工作方针，坚持服务高质量发展、促进高水平就业的办学方向，坚持职业教育与普通教育不同类型、同等重要的战略定位，着力夯实基础、补齐短板，着力深化改革、激发活力，加快构建纵向贯通、横向融通的中国特色现代职业教育体系，大幅提升新时代职业教育现代化水平和服务能力，为促进经济社会持续发展和提高国家竞争力提供多层次高质量的技术技能人才支撑。重点指出人才培养的落实立德树人的根本任务，推动习近平新时代中国特色社会主义思想进教材进课堂进头脑，构建职业教育“三全育人”新格局，创新职业学校思想政治教育模式。2021年4月13日，习近平总书记对职业教育工作作出重要指示强调，在全面建设社会主义现代化国家新征程中，职业教育前途广阔、大有可为。要坚持党的领导，坚持正确办学方向，坚持立德树人，优化职业教育类型定位，深化产教融合、校企合作，深入推进育人方式、办学模式、管理体制、保障机制改革，稳步发展职业本科教育，建设一批高水平职业院校和专业，推动职普融通，增强职业教育适应性，加快构建现代职业教育体系，培养更多高素质技术技能人才、能工巧匠、大国工匠。各级党委和政府要加大制度创新、政策供给、投入力度，弘扬工匠精神，提高技术技能人才社会地位，为全面建设社会主义现代化国家、实现中华民族伟大复兴的中国梦提供有力人才和技能支撑。随着经济发展，支持高等职业教育文件不断出台，高等职业教育地位越来越高，从事职业技术工作人员的社会认可度越来越高。

（三）人力资本理论

1979年诺贝尔奖获得者、美国的经济学者西奥多·W. 舒尔茨在总结前人的理论的基础上提出“人力资本”理论。他认为，企业把人看作资本对其管理和投资，同时结合持续变化的投资收益率和人力资本市场情况等相关信息，及时优化管理方案，最终得到一定价值的收益。根据人力资本论可知，结合企业发展战略的相关要求，进而有针对性地对人力资源进行合理配置。人力资本管理比较关注投资和回报之间的关系，同时根据市场的实际情况对投资计划进一步明确，进而表现得更加理性，关于市场的变化比较敏感，对衡量标准与关注点更加明确，同时可根据经济学分析模型比较长远地判断它的相关情况，并能够有预见性地进行处理。

所以，从经济学角度研究教育和衡量有关问题是人力资本理论的重点。正是基于企业把人力资本的再生产看作投资，该类投资所获得的收益情况预案好于物质投资的收益情况。企业对“人力资本”的重视，并认为投资职业教育是获得人力资本最有效的措施，各个企业都逐步意识到教育投资和人力投资之间存在的关系问题。也就是说，企业要想从市场获取其数量和质量的人力资源，它应主动向学校“示好”，开展校企合作，校企双方才能实现“合作办学、合作育人、合作就业、合作发展”。作为人才培养的高职院校，要抓住“契机”，推行校企合作的人才培养模式改革。

当前企业要不断创新，在激烈的市场经济竞争立于不败之地，归根到底是人才的竞争，也就是企业人力资本要素的竞争。企业要永葆竞争力，建设一支极具企业发展规划的应用型专业人才队伍，同时进一步创新，进而发展为企业开展人才战略的核心。而极具企业自身特色（个性）的应用型人才通过“大众化教育”的渠道是无法得到的，即社会举办的职业教育无法直接为某指定企业输送“量身定做”的人才，企业只有通过合作办学的方式，才能得到这种人才。所以企业参与校企合作，合作培养适合企业需求且具有该企业特色的人才成为“无奈”选择。市场上通常所提的“订单培养”“企业冠名班”等，就是在人力资本理论“驱使”下而展开的校企合作实践。这种按需、按时间节点培养的优点填补了人才需求与供给之间的“沟壑”，进而保障企业在合作中培训的人才更有实用性，也增强了企业参与校企合作的积极性、主动性。

与非人力资本相比，企业通过投资职业院校合作办学形成的人力资本也会存在风险。一方面，校企合作培育的人才可能因员工的忠诚度或其他一些外部因素，如薪资水平、工作环境、职业生涯规划等，而导致这类人才流失风险，此时除企业采取积极的“挽救”措施外，还得请求高职院校予以“辅助性”思想政治工作，一些高职院校在学生顶岗实习期间设置的机构、“校外班主任”等都有校企合作的深层烙印；另一方面，校企合作能使企业建立人才培养的长效机制，促使员工能够进行职业生涯规划，并已通过校企合作培训来达到目标，这样企业为员工的发展提供了机会，进而吸引更多的优秀人才加入企业，降低员工流动而导致的流失风险。企业对这种风险综合评估后，仍然选择校企合作来提升人力资本的有效性。

（四）产学研一体化

高等教育的功能之一就是服务社会，高职院校更把服务当地社会经济作为自己的社会责任之一。“产学研”一体化，就是将生产企业、高等院校、科研院所、科技中介、政府结合成一个统一的整体，集教育、科研、研制、开发、生产、销售、服务于一体，按照“利益共享、风险共担、优势互补、共同发展”的原则，以“产”为方向，“学”为基础，“研”为纽带，发挥各自优势，推动科技经济结合，组织一些技术创新之类的活动，进而达到科研—市场—产品—科研的有效循环的效果。①

产学研一体化是高职院校校企合作人才培养模式发展的重要阶段，产学研一体化能促进校企合作的深度融合，能拓宽校企合作人才培养的广度与深度。

（五）协同论

1976 年西德的学者哈肯提出了“协同论”。他认为，在整个自然界、社会是由大量子系统组成的，而每个系统之间具有一种相互合作又相互影响的关系。这里面还包含一般的社会现象，例如不同企业之间的互相竞争、同一部门之间的合理协调、不同单位之间的协作和配合的作用，以及机制中的相互约束与干扰等。在一定条件下，由于子系统相互作用和协作，系统的整体

① 王能慧．产学研一体化的理论与发展战略研究［D］．福建师范大学，2009.

性功能就强，就能产生“1＋1＞2”的协同效应。[①]

学校和企业是不同的利益主体。高校拥有专业、课程、师资、学生教育管理的体系，以及配套的人才培养系统，这种智力、文化资源和人才培养体制机制，具有相对稳定性，高校所拥有的教育、教学、科研资源是其进行人才培养的根本。同样，企业也拥有一定领域的前沿技术、先进设备和掌握技术创新的专业人才（且这种人才是在实践的推动下而不断创新）。因而，企业在其发展过程中遇到难题，相关学校凭借优质的资源及能力进行处理；学校在人才的培养过程中的人才需求信息、技术信息等，有关企业也可以进行协调解决。双方满足各自的需求，一定可以寻找到双方所需共同价值的平衡点，而首要的契合点就是人才的培养。在这个基础上，契合点将进一步增多，合作面就会逐渐变宽、变深；随着合作时间的延长，双方对利益的获取促使校企合作的有效进行，利益不同的单方谋取自己潜在或者显性的利益，同时双方可以最大化的获取利益。所以，这种合作的可持续性以及动力源自校企双方或者多方都有合作的意愿，达到长远合作、谋取利益最大化的效果。

简言之，高职院校的人才培养系统与企业生产系统之间的契合点都是为了更好地培养人才和增强服务社会的能力，校企合作不论采取何种方式、路径、平台，都需要彼此之间的协同、沟通、交流。脱离了校企合作的高职院校，其人才培养的规格、质量、“耦合”度，将会大打折扣；同样，偏离了校企合作的企业，其从社会难以获取积聚企业自身特色（个性）的应用型人才，人才储备库也就很难建立，在激烈的市场竞争中难以持续立足、长期发展。此时，校企双方彼此“协同”合作，对双方的利益链无疑大有裨益。

当前，诸多高职院校都普遍采取校企合作“准员工”顶岗实习人才培养模式，均是校企“协同”的结果。这里，顶岗实习有两层含义，一是“顶

① 高松元. 基于协同论语境下的高校科研管理变革［J］. 科技管理研究，2010（13）：130－132.

岗”，要能够从企业的角度，参加生产性实践，符合企业生产的需要；二是“实习”，要能够从学校的角度，提升岗位技能和综合技能，完成教学计划和任务。二者既要完成生产任务，又要完成教学计划。所以，要明确校、企在培养人才中的目标任务、实施方案和行动计划的各自角色，从机制层面、制度层面、操作层面“三个层面”对校企合作的人才培养进行科学设计，充分整合政、校、企多方资源，发挥校、企双主体的作用，协同于合作育人的“合力”。

第二章　高职院校创新创业教育的实践

高职院校创新创业教育必须符合职业教育发展规律，符合人才培养目标，符合社会发展对人才的需求。国家对高职院校创新创业教育的支持，学校对创新创业教育的重视，都有力地促进了高职院校创新创业教育的发展。

一、高职院校开展创新创业教育的政策支持

国家层面和地方行政层面重视高职院校创新创业教育，先后出台系列支持政策和措施，高职院校结合学校实际情况也出台诸多配套政策支持高职院校创新创业教育。

（一）国家对高校创新创业教育的要求

创新创业教育自20世纪90年代开始在国内得到提倡和发展。近年来，它更受到前所未有的重视，国内出现全社会高度关注、支持创新创业的局面。我国自改革开放后一直维持着快速的经济增长，要继续维持经济的健康、快速增长，就必须调整经济结构，转变增长方式，提高我国企业的竞争力。转变增长方式，提高我国企业竞争力的关键是促进创新与创业。1998年8月，我国颁布的《高等教育法》规定，“高等教育的任务是培养具有创新精神和实

践能力的高级专门人才”[①]。2010 年 5 月，教育部颁行《关于大力推进高等学校创新创业教育和大学生自主创业工作的意见》，这是第一个推进创新创业教育的全局性文件，正式使用“创新创业教育”这一概念，并明确地将其定义为“适应经济社会和国家发展战略需要而产生的一种教学理念与模式”[②]，标志着高校创新创业教育工作进入新阶段。2015 年 5 月，国务院颁行《关于深化高等学校创新创业教育改革的实施意见》，站在国家实施创新驱动发展战略、促进经济提质增效升级，推进高等教育综合改革、促进高校毕业生更高质量创业就业的高度，明确了深化高等学校创新创业教育改革的指导思想、基本原则、总体目标。[③]“创新创业教育”作为全新教育理念和模式，它的出现并不是偶然的，在这个概念产生之前，已经有创造教育、创新教育、创业教育等既有名词存在，从纵向对这些概念进行梳理，有助于对“创新创业教育”内涵的深刻理解。[④]

（二）《高等职业教育创新发展行动计划（2015—2018）》

教育部颁布的《高等职业教育创新发展行动计划（2015—2018）》（简称《行动计划》），该《行动计划》旨在贯彻落实《国务院关于加快发展现代职业教育的决定》和全国人大常委会职业教育法执法检查有关要求，创新发展高等职业教育，希望通过 3 年的建设，实现高等职业教育整体实力显著增强、人才培养质量持续提高、服务经济社会发展水平显著提升、高等教育结构优化成效更加明显的目标，从而推动现代职业教育体系日臻完善。针对以往高职院校对于创新创业教育关注度较低与开展不全面的状况，《行动计划》明确指出：“促进专业教育与创新创业教育有机融合；集聚创新创业教育要素与资

---

① 陈铁峰. 二十一世纪的高等教育理念探索［J］. 嘉兴学院学报，2000（6）：66－68.

② 教育部关于大力推进高等学校创新创业教育和大学生自主创业工作的意见［EB/OL］. http://www.moe.gov.cn/publicfiles/business/htmlfiles/moe/s5672/201105/xxgk_120174.html，2010－05－04.

③ 国务院办公厅关于深化高等学校创新创业教育改革的实施意见［EB/OL］. http://www.moe.edu.cn/publicfiles/business/htmlfiles/moe/moe_1778/201505/187212.html，2015－05－04.

④ 王占仁. 创新创业教育的历史由来与释义［J］. 创新创业教育，2015（4）：1－6.

源，建设创新创业教育专门课程（群）。”① 《行动计划》也强调了“一站式”创新创业服务机构的构建方向与具体内涵，倡导高职院校应积极举办创业项目设计、科技创新竞赛、创业计划等类竞赛。为了进一步深化高职院校创新创业教育，《行动计划》明确规定，“实施弹性学制，放宽学生修业年限，允许调整学业进程、保留学籍休学创新创业”，使学生能够更加自由地进行创新创业实践活动，改进了原有的高职院校学习方式，为学生提供了一种更加便捷、宽松的学习方式。

《行动计划》指出，高等职业教育创新发展要坚持政府推动与引导社会力量参与相结合。强化地方政府统筹发展职业教育的责任，落实高等职业院校办学自主权，探索本科层次职业教育实现形式；充分发挥市场机制作用，引导社会力量参与办学，发挥企业重要办学主体作用，探索发展股份制、混合所有制高等职业院校。坚持顶层设计与支持地方先行先试相结合。加强现代职业教育国家制度建设，深化重要领域和关键环节改革；鼓励和支持有条件的地区率先开展试点，积极探索现代职业教育体系建设的实现路径和制度创新，完善现代职业教育的国家标准、国家机制和国家政策。坚持扶优扶强与提升整体保障水平相结合。支持部分普通本科高等学校转型发展、优质专科高等职业院校创新发展、职业院校骨干专业特色发展，在体制机制创新、人才培养模式改革、社会服务能力提升等方面率先取得突破；健全高等职业院校生均拨款制度和质量保证机制，全面提高保障水平。坚持教学改革与提升院校治理能力相结合。以提高质量为核心，深化专业内涵建设，推进课程体系、教学模式改革；与人才培养和教师能力提升相结合开展应用技术研发；创新校企合作、工学结合的育人机制；推动专科高等职业院校依法制定章程，完善治理结构，提升治理能力。

---

① 中华人民共和国教育部．高等职业教育创新发展行动计划（2015—2018）［EB/OL］．http：//www.tech.net.cn/web/articleview.aspx？id＝20151103121307627&cata_ id＝N003，2015－11－31＼2016－11－6：12.

（三）《国务院办公厅关于深化高等学校创新创业教育改革的实施意见》

2015年，《国务院办公厅关于深化高等学校创新创业教育改革的实施意见》（国办发〔2015〕36号）（简称《实施意见》）是高等学校创新创业教育的指导性文件。在高职院校人才培养方案修订上，《实施意见》明确规定："明确高职高专创新创业教育目标要求，使其成为评价人才培养质量的重要指标。"[①] 将创新创业教育目标进行明确规定，并将创新创业纳入高职院校的培养目标之中。在具体实施方面，《实施意见》也有诸多相应规定。高职创新创业教育要结合内外资源，纳入学分制管理中，并充分利用现代网络资源，开展慕课、在线学习等形式，注重培养学生的批判性和创造性思维，激发创新创业灵感，应主动更新原有的"填鸭式"课堂教学模式。[②] 同时，在创新创业实践活动中，《实施意见》明确指出："建好一批职业院校实训基地，办好全国职业院校技能大赛，支持举办各类实践活动。"高职院校在此基础上，还应不断完善帮扶与资金资助，以协助学生更为便捷地进行创新创业活动。在国家层面，《实施意见》强调要在国家层面设立高校创新创业基金，在地方设立创新创业专家指导委员会，并引入第三方评估，及时监督高职院校创新创业质量。并在全社会范围内构建起宽容失败、敢冒风险、敢为人先的创客文化与和谐氛围。

（四）《现代职业教育体系建设规划（2014—2020年）》

2014年，教育部等六部门印发《现代职业教育体系建设规划（2014—2020年）》（简称《规划》）。《规划》指出："传承技术技能，促进就业创业，为建设人力资源强国和创新型国家提供人才支撑。"[③]《规划》鼓励各职业院

① 国务院办公厅. 国务院办公厅关于深化高等学校创新创业教育改革的实施意见[EB/OL]. http://www.gov.cn/zhengce/content/2015-05/13/content_9740.htm，2015-05-13/2017-07-25：2.

② 国务院办公厅. 国务院办公厅关于深化高等学校创新创业教育改革的实施意见[EB/OL]. http://www.gov.cn/zhengce/content/2015-05/13/content_9740.htm，2015-05-13/2017-07-25：3.

③ 教育部. 现代职业教育体系建设规划（2014—2020年）[EB/OL]. http://jnjd.mca.gov.cn/article/zyjd/zcwj/201406/20140600660060.shtml，2014-06-30/2017-07-27：3.

校开展以创业指导为方向的就业教育与相关服务。同时在发展国家战略性新兴产业中，《规划》强调：“坚持自主创新带动与技术技能人才支撑并重的人才发展战略。”① 在创新创业校企合作方面，《规划》指出：“鼓励职业院校参与到企业技术创新之中，积极推广创新技术成果的扩散。”倡导高职院校积极与行业企业合作，将自身的校企合作进行深化与扩展。② 在创业扶持政策构建方面，《规划》强调：“鼓励多渠道多形式就业，允许学生休学创业。”③

(五)《关于实施中国特色高水平高职学校和专业建设计划的意见》

为深入贯彻落实全国教育大会精神，落实《国家职业教育改革实施方案》，集中力量建设一批引领改革、支撑发展、中国特色、世界水平的高职学校和专业群，带动职业教育持续深化改革，强化内涵建设，实现高质量发展，教育部、财政部发布的《关于实施中国特色高水平高职学校和专业建设计划的意见》指出，打造技术技能创新服务平台要对接科技发展趋势，以技术技能积累为纽带，建设集人才培养、团队建设、技术服务于一体，资源共享、机制灵活、产出高效的人才培养与技术创新平台，促进创新成果与核心技术产业化，重点服务企业特别是中小微企业的技术研发和产品升级。加强与地方政府、产业园区、行业深度合作，建设兼具科技攻关、智库咨询、英才培养、创新创业功能，体现学校特色的产教融合平台，服务区域发展和产业转型升级。进一步提高专业群集聚度和配套供给服务能力，与行业领先企业深度合作，建设兼具产品研发、工艺开发、技术推广、大师培育功能的技术技能平台，服务重点行业和支柱产业发展。

---

① 教育部. 现代职业教育体系建设规划（2014—2020 年），http://jnjd.mca.gov.cn/article/zyjd/zcwj/201406/20140600660060.shtml，[EB/OL]. 2014-06-30/2017-07-27：11.

② 教育部. 现代职业教育体系建设规划（2014—2020 年）[EB/OL]. http://jnjd.mca.gov.cn/article/zyjd/zcwj/201406/20140600660060.shtml，2014-06-30/2017-07-27：14.

③ 教育部. 现代职业教育体系建设规划（2014—2020 年）[EB/OL]. http://jnjd.mca.gov.cn/article/zyjd/zcwj/201406/20140600660060.shtml，2014-06-30/2017-07-27：34.

二、高职院校开展创新创业教育的必要性

（一）高职院校开展创新创业教育是国家经济文化发展的需要

《国务院办公厅关于深化高等学校创新创业教育改革的实施意见》提出分步骤实施的总体目标：2015 年起全面深化高校创新创业教育改革，2017 年相关改革取得重要进展，2020 年建成较为完备的高校创新创业教育体系。指出创新创业文化是我国经济社会发展到一定程度时，在社会文化层面的自觉与必然的选择与强化。高校教育在引领社会创新创业文化方面具有其独特优势。大学是知识人才的聚集地，是前沿科学、尖端技术、先进文化的发源地，在引领社会文化发展中有人才和知识上的有利条件。人才培养是大学的核心使命，大学生是支撑未来社会进步发展的高素质生力军，大学生也是精力最充沛、思想最活跃、最富创新精神的青年群体，他们是大学引领社会创新创业文化的重要载体和不竭动力。

国家经济发展，需要创新型人才，需要创业者。知识经济就是创新经济，对知识经济来讲，创新极为重要。创新创业是高等教育的一个重要内容，创新创业用知识创造价值，知识促进创新创业教育。高职院校作为高等教育的重要组成部分，为国家提供一线的技术技能人才，为技术创新提供人才培养。经济学家熊彼得认为，“创新是要素及生产条件组合的革命性变化，其深处是技术进步驱动”，技术进步源于创业创新，这也是提出“大众创业，万众创新”的基本原因。高职院校创新创业教育作为国家和民族文化传承的重要载体，不仅自己深受文化传统的影响，而且与社会政治经济等诸方面有着密切的文化互动。

（二）高职院校开展创新创业教育是教育改革的需要

人的全面发展学说为创新创业教育提供理论基础。马克思和恩格斯在《共产党宣言》中明确指出，人的发展的理想素质包括三个方面的规定：一是指人身心一切潜能的最充分发挥；二是指人的对象性关系的全面生成；三是

指个人社会关系的高度丰富。[①] 创新创业精神和能力不但是各种智力因素的综合，也能促进各种智力因素积极发展，并逐步完善。创新创业教育是人全面发展的教育，马克思主义关于人的全面发展学说为创新创业教育提供了重要的理论基础。在现实中，高职生的地位不高，技术工人地位认可度不高，部分学生不够自信，导致高职生的自我发展、创新意识培养的主动性不够。创新创业教育引导高职生重视职业技术发展，依靠技术创新实现人生目标，大大增加了高职生的学习动力和自信心，为未来的生活提供更为主动性和开创性的思维方式，为学生的发展提供新的可能。哈佛大学心理学教授霍华德·加德纳于20世纪80年代提出多元智能理论，引导我们重新审视过往的教育思维和教育现象。高职院校人才培养目标、师资教育、教育教学改革等是围绕国家经济发展、人才需求而制定的，创新创业教育进一步推动了高等职业教育改革，同样，教育改革进一步推动了高职院校发展，推动了高职院校创新创业教育。

（三）高职院校开展素质教育的追求目标

素质教育是指一种以提高受教育者诸方面素质为目标的教育模式。它重视人的思想道德素质、能力培养、个性发展、身体健康和心理健康教育。素质教育与应试教育相对应，但也并非绝对对立的概念，因为两者在词义上本来就并非反义词。自改革开放以来，党和国家始终把提高全民族的素质作为关系社会主义现代化建设全局的一项根本任务。在高职院校人才培养过程中，以全面提高全体学生的基本素质为根本目的，实现高职生全面发展是高职院校素质教育宗旨所在。素质教育在高职生能力发展过程中显得尤为关键，应重视高职生的创新精神与能力的形成。创新创业教育作为高职生素质教育的重要内容，是高职院校素质教育的重点。高职院校通过显性教育和隐形教育相结合加强高职生创新创业教育。在创新创业学习初期，学生主要以显性知识学习为主；在中后期，主要以创新创业隐性知识为主，通过实习、实训、

① 迟艳杰. 素质教育探微［J］. 中国教育学刊，1996（2）：20－23＋62.

竞赛等实践形式使学生掌握创新创业知识，培养创新创业能力。高职院校培养学生创新创业的素质教育提升了高职生创新意识、创新思维、创新能力；为国家提供了创新型人才；为社会培养了大量的创业者，以创业带动就业，实现高职生人才培养的良性发展。

（四）高职院校开展创新创业教育能促进高职院校可持续发展

我国高职教育实践发展显示，高职教育生态系统存在生态位短暂失衡、内部因子培育不充分、生态系统内外交换不协调的困境。新时期，创新创业教育融入高职教育生态观是必然趋势，有助于激发师生活力、构建育人合力、稳定高职教育生态链。应当将创新创业教育的理念、路径、方法引入现有高职院校育人体系，形成培养“全人”协同校园生态、遵循“遗传变异”促进自主发展、依托区位推进高职院校双创教育共生格局。[①] 高职院校生态系统的短暂失衡，是高职院校在可持续发展中遇到问题的具体表现。高职院校一系列文件的出台，对高职院校办学定位、人才培养定位、校企合作定位等，都离不开高职院校创新创业人才培养。加强高职院校创新创业教育，可以让高职院校人才培养更具活力，学校发展更具动力，可持续发展更具潜力。作为国家一线技术人才供给的重要阵地，高职院校通过积极改革，把创新创业精神与思想落实到改革的方方面面，提升高职院校自身办学水平与人才培养质量。把创新型人才发展作为高职院校可持续发展的重要体现，通过创新创业教育促进高职院校的可持续发展。

（五）高职院校开展创新创业教育是高职学生实现全面发展的必由之路

人的全面发展首先是指人的完整发展，即人的各种最基本或最基础的素质必须得到完整的发展。人们通常所说的人的全面发展，是把人的基本素质分解为诸多要素，即培养受教育者在德智体美劳等方面获得完整发展。人的

① 游艺，李德平，高莉．创新创业教育促进高职院校生态发展的功能探究［J］．执教论坛，2019（05）：132－135.

全面发展最根本是指人的劳动能力的全面发展，即人的智力和体力的充分、统一的发展。同时，也包括人的才能、志趣和道德品质的多方面发展。马克思的“人全面自由发展”理论本质精髓即是“人以一种全面的方式，也就是说，作为一个完整的人，占有自己的全面的本质”，其中马克思强调了人的特性和本质的全面发展①。

高等职业教育是培养学生以技术为核心的全面发展，高职院校的创新创业教育将理论学习与实践项目紧密结合，同时也兼顾了学科的交融性，达成了多学科的交汇学习。通过创新创业教育能提升高职生创新意识，树立长远发展目标，有助于自身的全面发展。

三、高职院校专业教育与创新创业教育的联系

（一）二者目标具有一致性

创新创业教育是以专业教育作为依托载体，在专业教育实施的基础上开展的，也有助于高职学生对专业技术技能的学习，专业教育是创新创业的基础，创新创业教育是专业教育的深化与延伸。② 随着“双创”精神的不断深入，创新创业教育的地位与关注度也逐年提升，但创新创业教育并不是一种独立于专业教育的教育类型，而是深深植根在专业教育之中，丰富了传统的高职院校专业教育目标，融入了时代特色，提升了高职教育目标的灵活性与适应性。③ 在人才培养目标上具有共享性，专业教育培养具有创新意识、掌握技术技能的人才，创新创业教育培养具有创新意识、创业能力，具有创造力的人才，两者对人才的培养具有一致性。专业教育和创新创业教育都是培养高职生成人成才，创新创业教育离不开专业教育的引导，在掌握专业技术技能的基础上，提升高职生的关键能力与核心素养，为今后创新创业教育、职

① 马克思，恩格斯．马克思恩格斯全集（第42卷）［M］．北京：人民出版社，1979.

② 王涛．高职院校创新创业教育模式探索——以成都创业学院为例［J］．职业技术教育，2015（2）：53－56.

③ 王恒平．高职院校创新创业教育研究［J］．教育与职业，2014（3）：80－82.

业生涯发展奠定坚实基础。

（二）二者内容教育互促共进

高职院校专业教育是理论与实践并重，理论课程与实验实训课程所占比例基本一样，更多侧重于学生的实操能力，让学生在学中做、做中学，使学生能够较为直接地获得系统的专业知识。高职创新创业教育既有理论知识讲授，也有实践操作，通过全国、省市级、学校创新创业大赛等，让高职生把创新意识付诸实践，把专业学习融入创新创业教育，锻炼高职生的创新意识、创业能力，把创新与创业的理论与实践更好融合。同样，两者在课堂内外形成了理论相长、实践共融的教学格局。

（三）二者物质资源具有共享性

高职院校专业教育和创新创业教育在课程教学上具有共享性，部分创新创业教育课程是基于专业知识编写，把专业知识融入创新创业教育内容。同样，专业课程教学把学生创新精神、意识作为人才培养的重点，把创业作为专业教学的实践案例，把创新创业教育融入课程。在实验实训基地上具有共享性。专业教学的实验实训基地和创业基地可以融通，学生利用专业教学基地进行创业模拟，如利用专业教学和设备为企业服务，收取一定的劳务费，这是创新创业教育的基础教育等。在师资队伍建设上具有共享性。专业教师可以担任创新创业教育的教师，在二者理论教育与实践教学中可以把教学理念、理论传授、实践操作等更好地融为一体，实现更好的专业教学和创新创业教育。

四、高职院校基于职业技能竞赛的创新创业教育与专业创业教育研究

“普通教育有高考、职业教育有大赛”是我国教育制度的一项重大改革和创新，是科学推动职业发展和提高人才培养质量的重要途径。政策层面，《国家中长期教育改革和发展规划纲要（2010—2020）》明确提出了“开展

职业技能竞赛”的职业教育改革发展要求，在国家层面每年举办职业院校技能大赛，随之出现行业职业技能大赛、企业冠名的职业技能大赛等，吸引大量行业、企业参与到职业技能大赛中来。职业技能大赛是依据国家职业技能标准，结合生产和经营工作实际开展的以突出操作技能和解决实际问题能力为重点的、有组织的群众性竞赛活动。职业技能竞赛从高职院校角度来讲主要是依据专业为基础举办的各类专业技能竞赛。职业技能竞赛提升了高职生职业素质、就业能力、自我能力，提升了学校影响力，强化了校企合作、专业发展、双师队伍培养等。研究高职院校职业技能竞赛与创新创业教育的关系，有利于提升学生创新创业意识、专业创新创业能力、依靠专业创业成功率。

（一）高职院校职业技能竞赛、创新创业教育与专业创业教育的关系

职业技能竞赛包括专业技能竞赛和创新创业类技能竞赛。职业技能竞赛与创新创业教育有着共同的目标：培养学生职业素养、创新创业意识、就业创业能力等，其中专业创业教育是两者融合度最高的目标。两者互促共进，通过理论与实践相结合促进高职院校创新创业教育尤其是学生专业创业教育。

职业技能竞赛、创新创业教育是专业创业教育的催化剂。创新创业教育需要培养学生的创新创业意识，通过职业技能竞赛能激发高职生专业创新创业意识，能产生创业念头，产生以技能竞赛为平台的创业想法；专业创业和非专业创业不同，它需要一定的专业知识和技能，职业技能竞赛和创新创业教育促进高职生创新创业意识培养、创业能力掌握、专业知识学习、专业技能的运用，对学生专业创业打下坚实基础。

职业技能竞赛有利于高职生了解专业发展现状、专业技术发展阶段、专业在市场中的地位等，使高职生进一步了解了专业市场、了解专业创业需要的要素等。专业创业教育有利于职业技能竞赛推进。专业创业教育有利于专业发展；有利于职业技能竞赛中专业知识的运用；有利于职业技能竞赛的推广和吸引行业、企业参与到职业技能竞赛中来。专业创业教育能更好地推动

专业学习和技能竞赛有机结合。

（二）高职院校职业技能竞赛和创新创业教育促进专业创业教育存在的问题

职业技能竞赛和创新创业教育有着共同的目标，担负学生专业知识与技能掌握的共同责任，本该互促共进、相互作用，目前却存在着职业初衷相悖、教学不通、基地不融、政策不全的现象。

1. 初衷相悖：注重短期效益，忽视长期产出

职业技能竞赛和创新创业教育是一个系统工程，两者是统一的，不存在矛盾。然而职业技能竞赛成了部分高职院校追求名利的角逐场，只看技能竞赛名次、奖牌数量，忽视竞赛过程和质量。部分高职院校为了取得学校在社会、有关机构、国家的创业院校排名，给二级部门、指导教师下指标、定任务，不分专业与项目，只看重创业竞赛结果，甚至出现借用社会公司名称、专利技术或临时让学生注册公司等不良现象，尤其是学生参加专业创新竞赛，有的项目却全部由指导老师或企业人员完成，与本应由学生参与或自主完成，培养学生专业创业能力、专业知识掌握的专业创业教育相违背，也与“以赛促学、以赛促教”促进学生专业学习、技能掌握，提高教师教学的职业技能竞赛宗旨相违背。

2. 教学不通：师资不通、内容不通，合力难形成

师资不通。职业技能竞赛和创新创业教育的指导教师对指导学生职业技能竞赛、创新创业教育有着非常重要的作用。职业技能竞赛指导教师一般有着扎实的专业技能和丰富的理论知识，主要对专业有建树，在学生职业技能竞赛理论指导、技术支持、细节操作等方面起着重要导向作用。创新创业教育指导教师主要指导学生创新创业教育的通识知识、创新创业培训、基地孵化指导等，对学生创新创业教育有着重要指导作用，但是对高职生专业创业教育的指导专业知识不如职业技能竞赛指导教师经验丰富。职业技能竞赛和创新创业教育指导教师二者有机结合、相互贯通对高职生专业创业教育如虎添翼，既能增加职业技能竞赛效果，更能促进专业创业教育，提高高职生专

业创业教育成功率。诸多高职院校存在两者指导教师不通，职业技能指导教师没有创业教育知识，创新创业教育指导教师没有专业技能知识，两者也没有相互学习、共同研讨平台。

内容不通。职业技能竞赛和创新创业教育的内容并不矛盾，职业技能竞赛对高职生职业素养提升、创新意识培养、创业引导、专业学习有着重要指导作用，同样，创新创业教育对学生专业学习、职业素养、创新创业意识培养也有着重要指导作用。职业技能竞赛内容和创新创业教育内容相互融合、彼此连通是促进高职生专业创业教育的合力所在。事实是高职院校存在着职业技能竞赛内容和创新创业教育内容两张皮现象，职业技能竞赛指导没有融入创新创业教育内容，创新创业教育过程没有涉及专业知识，教学内容没有形成合力，导致专业创业教育内容分散，专业和创业没有有机结合。

3. 基地不融：各自为建，互不共享

职业技能竞赛和创新创业教育基地建设对高职院校技能竞赛、创新创业教育有着重要的推动作用。基地大多是实验实训基地，地点有的在学校，有的在企业；管理权有的归学校，有的归企业，有的归学校和企业共同管理。现实是部分高职院校职业技能竞赛指导实习基地是专业性的，创新创业教育基地是非专业性的。同时是职业技能竞赛基地又是创新创业基地的并不多。同样，创新创业教育基地建设之初也没有考虑专业教育，专业实习要素没有融合创新创业教育基地，造成两者各自为建，平台不能共享。基地不能共享对高职生专业创业教育是一种资源浪费，某种程度上也阻碍了专业创业教育。

4. 政策不全：机制不健全，学分不通

高职院校现有的职业技能竞赛和创业教育政策不完善。虽然高职院校制定了职业技能竞赛和创新创业教育获奖的奖励政策，但是还存在着职业技能竞赛和创新创业教育课程不能置换、学分不能置换的现象，如职业技能竞赛不能和创新创业教育、专业课、公共基础课等课程置换，创新创业教育课程不能和专业课、公共基础课等课程置换，同样，学分也不能互换。这种现象阻碍了高职生专业创业教育激情，影响了高职生对职业技能竞赛的热爱，降低了创新创业教育的效果。这种现象的出现是高职院校顶层设计的重视程度不够，政策不健全所导致。

（三）高职院校职业技能竞赛和创新创业教育促进专业创业教育的路径

职业技能竞赛不仅可以激发高职生创业意识，锻炼创新创业能力，对于弘扬大国工匠精神、专业发展、技术人才的培养也有着促进作用，更重要的是对高职生专业创业教育有着重要推动作用。实现职业技能竞赛和创新创业教育的目标融合、指导教育与教学内容融合、基地融合、项目融合，健全职业技能竞赛和创新创业教育政策对高职生专业创业教育有着重要意义。

1. 职业技能竞赛指导与创新创业教育目标融合，为高职生专业创业教育打下基础

职业技能竞赛作为职业教育的重要组成部分、专业发展重要手段、专业创业教育的有效途径，对于提升高职生专业创业教育意识和能力有着重要作用。创新创业教育的主要目标在于增强高职生创新创业意识、提升创新创业能力、提高创业成功率等，对高职生专业创业教育有着引领、启发的作用。职业技能竞赛使高职生专业创业教育能力得以提升，创新创业教育使高职生创业意识有所加强。专业创业能力有所提升是职业技能竞赛和创新创业教育推动高职生专业创业教育的共同目标。营造两者目标相融合的职业技能竞赛和创新创业教育环境，为高职生专业创业教育创造更好条件。通过职业技能竞赛促进学生创业教育尤其是专业创业教育的能力培养，实现学生热爱专业学习，积极参与职业技能竞赛，实现专业创业教育；以专业创业教育带动职业技能竞赛开展、专业发展。两者生生不息、循环不断的内在动力将促进高职生专业创业教育的健康发展。

2. 职业技能竞赛与创新创业教育指导教师、教学内容融合，形成教育合力

高职生专业创业教育离不开指导教师帮助，创新创新创业教育不仅要培

养高中生创新意识更要培养其创业能力，如果创新创业教育指导教师不懂专业知识和专业创业技能，也没有职业技能竞赛指导教师的融入，高职生专业创业教育会大打折扣。如果高职生由职业技能竞赛指导老师指导其参加技能竞赛，在竞赛过程中融入创新创业教育指导老师的帮扶，进一步指导学生专业学习、专业创业技能掌握，必定会增加高职院校专业创业的人数，提升创业项目数量和质量。学校可以形成职业技能竞赛学生的“双导师制”，即专业技能指导教师和创新创业教育指导教师的融合。出台政策鼓励职业技能竞赛指导教师参加创业教育培训，创新创业教育指导教师参加专业教学团队或专业技能指导大赛，培养既了解专业又懂创新创业教育的双师型指导教师，这对高职生职业技能竞赛和创新创业教育起着促进作用，同样也对专业创业教育起着推波助澜的作用。

职业技能竞赛和创新创业教育的教学内容要写入人才培养方案。在制定专业教育人才培养方案时要考虑到职业技能竞赛“以赛促学、以赛促教、以赛促创”的导向，也要考虑到创新创业教育中的专业创业教育内容，把专业创业教育融入创业教育，把职业技能竞赛融入创业教育。在政策层面出台两者的学分互换、课程互换，鼓励高职生积极参加职业技能竞赛、创新创业教育，通过两者合力推动高职生专业创业教育。

3. 职业技能竞赛与创新创业教育基地融合，实现资源共享互补

职业技能竞赛实习基地对场地、设备、专业技术有着较高的要求，必须能模拟职业技能竞赛；对指导教师也有着专业技术、理论知识、职业素养要求，必须能指导学生参加职业技能竞赛。指导教师能指导学生运用专业知识和专业设备生产出专业产品，是对高职生专业理论知识、技术技能掌握情况的全过程检验。职业技能竞赛实习基地模拟着设计、生产、管理、销售等与企业经营管理的全部流程，也可以是学校实习基地和企业实习基地相结合，对职业技能竞赛有着全真的竞赛效果。同样，对高职生专业创业教育有着仿真的教育效果。创新创业教育基地主要是高职院校创业园、创业社团、企业创业基地等。创新创业基地相对于职业技能竞赛基地而言具有共性作用。创新创业教育基地主要是为学生创业理论知识学习、创业过程模拟、创业项目

孵化、创业项目管理等搭建的创业平台，专业创业教育在创新创业教育平台中只是被包含的关系。学校层面出台政策在建立职业技能竞赛实习基地和创新创业教育基地时可以考虑两者融合，实现资源共享与互补，实现基地建设资源利用最大化。

4. 职业技能竞赛与创新创业教育项目融合，催生专业创业项目诞生

专业创业教育项目诞生需要一定的专业知识、专业技能、创业技巧。职业技能竞赛项目是依靠指导教师和学生共同努力依托专业知识进行的技能竞赛项目，创新创业教育项目是指导教师和学生依托创业教育相关知识进行的专业或非专业创业项目。专业创业项目是创业项目中的一类，是职业技能竞赛项目和创业教育项目的交集。指导教师进行职业竞赛指导和创新创业教育时要融入专业创业教育理念，尤其是在指导职业技能竞赛项目选定时要考虑专业创业教育，为项目进行长远规划，让职业技能竞赛项目不仅仅是一次竞赛，更是专业创业教育项目的开始。

依靠职业技能竞赛和创新创业教育是实现高职生专业创业教育的有效途径。实现两者目标融合、师资互通、基地共享、项目共育等对高职生专业创业教育具有重要作用。研究专业创业教育对高职院校专业发展、人才培养、以创业带动就业具有现实意义。

五、“双高”建设背景下高职生创新创业教育改革研究

为加快高等职业教育全面发展，国家先后完成了示范、骨干高职院校建设。2019 年，教育部、财政部联合印发《关于实施中国特色高水平高职学校和专业建设计划的意见》（简称“双高”），提出集中力量建设一批引领改革、支撑发展、中国特色、世界水平的高职学校和专业群。在高职院校高质量发展过程中，创新创业教育一直是重要建设内容之一，“双高”建设背景下对高职生创新创业教育要求更加有针对性、专业性。目前，仍旧存在着创新创业教育机制不够灵活、平台搭建单一、专业性不强的问题。根据大众教育到精英教育引领、通识教育到专业教育引领、学校教育到产教融合引领转向，实现创新创业教育在办学中的定位、专业创新创业、创业扶持等全面进入新

阶段。

(一)“双高”建设背景下高职生创新创业教育现状

国家示范性(骨干)高职院校建设中积累沉淀下来的高职生创新创业教育模式是进行“双高”建设背景下高职生创新创业教育的基石。虽然创新创业教育伴随着高职教育的出现而存在,但是真正重视高职生创新创业教育发展也是近年来才开始的,尤其是2015年国务院办公厅印发的《关于发展众创空间推进大众创新创业的指导意见》(国办发〔2015〕9号)出台后,全民掀起创新创业教育高潮。但是,“双高”建设背景下高职生创新创业教育现状不容乐观。

1. 政府高度重视,机制不够灵活

从国家层面到地方政府相继出台了多种支持高职生创新创业教育政策,重视程度非常高。但是政策出台,尤其是地方政府的政策与地方经济发展实际情况结合不紧密,与高职院校现有人才培养体系结合不紧密,与高职生自我发展需求结合不紧密。存在着政策死板、机制缺乏灵活性现象,具体表现为创业政策多,具体指导细则少;创业扶持基金多,创业项目验收考核不具体;扶持创业项目多,创业成功率低、创业质量不高等现象。对出现的问题没有灵活的处理机制,显得对扶持创业项目缺乏有效抓手,处于被动。

2. 学校高度重视,平台搭建单一

高职院校为了学生创新创业教育有成效,在积极响应国家创新创业教育要求下主动配合国家、地方政府出台创新创业优惠政策,同时积极进行创新创业教育教学改革,完成人才培养方案。但是,高职院校在办学过程中没有很好地为高职生创新创业教育搭建更广、更专业的平台,主要表现在高职院校与地方企业没有紧密联系,与地方政府、行业没有紧密沟通,与学生所需没有有效交流等。上海市教育科学研究院研究员马树超指出,国家示范高职专项引导工学结合的人才培养模式改革,国家骨干高职专项引导校企合作的体制机制创新，优质高职院校建设引导产教融合的高水平专业建设。① 指出了高职院校进行创新创业教育平台搭建离不开企业支持，离不开产业发展，离不开技术指导。现实是高职院校流于校企合作形式、简单追求就业率等，脱离了与产教深度融合的、专业性强的创新创业教育平台，使高职院校创新创业教育表面看上去红红火火，实际上缺乏专业创新创业教育平台支撑。

3. 学生高度重视，未从自身实际出发

创新创业是每个高职生的内心渴望，盼望创业成为现实的追求。高职生简单地理解创新创业就是能挣很多的钱，为此非常重视创新创业教育，事实上是高职生在全面贯彻实施素质教育的背景下，不仅要具有较高的专业文化素质，同时也要在创新能力、思维能力、学习能力方面得到极大提高。由于国家、学校的大力宣传和政策支持，很多高职生盲目追求创业，忽视创新的重要性，更有甚者不考虑自己专业学习情况、人脉资源情况、创新创业能力情况等因素，一股脑地要创业，结果出现创业不成、就业更难的两难境地。

（二）高职生创新创业教育是“双高”教育改革的必然

高职生创新创业教育是在示范性（骨干）高职院校建设的基础上进行的，是围绕“双高”建设目标和任务进行的，是为实现高职生全面发展而进行的。高职生创新创业教育是国家、学校、本人的多重需求下进行的。

1. 高职生创新创业教育是国家战略需要

党的十八大报告提出了要加强就业和创业教育工作，并将创业作为国家战略。2015 年国务院办公厅印发的《关于发展众创空间推进大众创新创业的指导意见》，部署了推进大众创业、万众创新工作，对创新创业又提出了更高的要求。党的十九大报告提出“加快建设创新型国家”，明确“创新是引领发

① 马树超. 产教融合：从示范到优质院校建设的主线［J］. 职教论坛，2017（1）：32－35.

展的第一动力，是建设现代化经济体系的战略支撑”。近年来，随着高职生各类创新创业作品展、技能竞赛等活动的开展，高等职业教育培养的创新创业人才数量和质量都逐年提高，尤其是高职生用自己的创新作品和创业梦想向我们进行着全方位的展示，创新创业梦想逐渐成为现实，是背后高职院校创新创业教育人才培养模式的改革和课程科学设置的支撑。“双高”建设背景下进行高职生创新创业教育担负着国家高等职业教育创新创业人才的培养、国家基础经济发展人才供给、国家创新型道路发展的重任。

2. 高职生创新创业教育是高职院校教育教学改革的需要

国家示范性（骨干）高职院校建设中创新创业教育得到了长足发展，但是，“双高”建设背景下进行高职生创新创业教育是“双高”教育教学的重点。高职生创新创业教育要突破每个学生都进行创新创业教育所投入同样成本带来的弊端，从大众教育到有侧重点地支持创新创业精英教育引领大众教育；突破高职生创新创业教育不分专业、能力、质量等创新创业的通识教育现状，把以专业为基础进行创新创业教育作为教育的着力点，用专业创新创业教育引领通识创新创业教育；突破高职生创新创业教育仅仅依靠学校自身力量或者形式上的政府、企业、行业等力量支撑，要进行深度产教融合，以产教融合引领高职生创新创业教育。高职生创新创业教育要实现以上三个方面的突破是高职院校创新创业教育改革的必然需求。

3. 高职生创新创业教育是高职生高质量创业就业的需要

大众创新，万众创业，这是一个充满创业机遇的时代。如何提高高职生创业率、就业质量是高职生创新创业教育的需求。创新创业教育要在国家“双高”建设背景下实现高职生在面对机遇和挑战，现有的资金、技术、经验、机会的同时，加强创新创业教育来鼓舞勇气和减少弯路，提高高职生创新创业意识和创新创业能力。

（三）“双高”建设背景下高职生创新创业教育改革路径分析

只有“发展与技术进步和生产方式变革以及社会公共服务相适应、产教深度融合的现代职业教育，才能为社会输送适合产业发展的高素质人力资源，才能为国家和社会源源不断地创造人才红利”①。同样只有抓住“双高”建设时期的高职生创新创业教育才能为国家和社会创造人才红利，厘清高职生创新创业教育的前提和基础、明确创新创业教育任务是进行高职生创新创业教育改革的重要途径。

1. 厘清高职生创新创业教育前提和基础

（1）厘清创新创业教育在“双高”建设中的地位。

《国务院办公厅关于深化高等学校创新创业教育改革的实施意见》指出，深化高等学校创新创业教育改革，是国家实施创新驱动发展战略、促进经济提质增效升级的迫切需要，是推进高等教育综合改革、促进高校毕业生更高质量创业就业的重要举措。因此，推进大学生创新创业教育不仅是高校自身发展的客观需要，也是我国经济社会发展对高校教育提出的迫切要求。② 由此可见创新创业教育在“双高”建设中的地位非常重要，它关系着“双高”建设人才培养方案的目标能否实现，关系着高职生是否能够高质量就业，关系着能否为国家提供创新型人才等。创新创业教育贯穿于“双高”建设全过程。

（2）厘清创新创业教育专业创新创业的特色。

高职院校的专业教育是大学教育赖以生存的根基，高职院校创新创业教育与专业教育相辅相成，两者相互交融形成合力。优质高职院校专业建设必须有鲜明特色，创新创业教育要在专业教育基础上开展，是和专业教育互补的人才培养模式。以往创新创业教育存在片面割裂创新创业教育与专业教育的联系。创新创业教育在优质高职院校建设过程中要重点体现几个方面：一是创新创业教育人才培养要写入高职教育人才培养方案中；二是创新创业教育课程要与高职院校办学实际情况、地方经济发展等相结合，开发完成创新

① 李克强．让职业教育为社会源源不断地创造人才红利［EB/OL］．http：//www.gov.cn/xinwen/2014－02/27/content_ 2624263.htm.

② 胡桃，沈莉．国外创新创业教育模式对我国高校的启示［J］．中国大学教学，2013（2）：91－94.

创业教育课程与有关培训，把专业建设融入创新创业教育；三是创新创业教育的指导老师要涉及企业、行业人员与专业指导教师、专任教师等相互结合；四是出台政策对专业创新创业项目有所倾斜等。

（3）厘清创新创业教育在产教融合专业建设中的作用。

“双高”建设引导产教融合的高水平专业建设，把高职生创新创业教育纳入到产教融合专业建设大平台中去，是体现创新创业教育的特色所在，对实现创新创业教育具有指导意义。一是通过产教融合把产业对接职业岗位新要求融入专业教学标准、教学大纲、课程教学等资源中，有利于推进创新创业教育以产业发展为导向，体现出以专业为主的创新创业；二是产教融合能调动企业积极性，能把新技术技能引用到高职院校中来，把新技术技能尽快融入创新创业教育中去，增加创新创业教育的技术含量；三是产教融合可以为创新创业教育提供更大平台和载体，实现创新创业教育从学校深入到企业，理论融入实践，校内创新创业教育教师到企业行业创新创业教育教师等。

2. 落实高职生创新创业建设任务

（1）落实创新创业教育在“双高”建设中的课程改革。

“双高”建设中创新创业教育课程改革是个系统工程，从创新创业教育的通识知识到专业知识，理论知识到实践检验等要体现到课程改革中去。创新创业教育通识知识改革主要做到创新教育启发和创业教育引领，在高职生基本的创业知识、创业素养、创业技能之上提高创新能力，培养创业人才；创新创业教育专业知识主要做到将专业知识纳入到课堂内外教学，将专业知识融入创新创业教育，在专业课程中纳入创新创业理念，以专业知识引领创新创业教育；创新创业教育理论到实践检验主要指创新创业教育的理论教育与实践相结合，如利用理论知识参加创新创业大赛、创业项目培训、开创企业等，用创新创业教育理论指导实践，用实践丰富创新创业教育理论。

（2）落实创新创业教育在“双高”建设中的人才培养改革。

从世界范围来看，创新创业教育人才培养正受到各国政府的高度重视，这方面的研究和活动日益引起各界的关注。“双高”建设对于创新创业教育人才的需求更是受到国家重视。高职教育中的创新创业教育是以培养具有创业基本素质和开创型个性的人才为目标。创新创业教育主要是培育在校学生的创业意识、创业精神、创新创业能力为主的教育。主要做到优质高职院校给予创新创业教育积极的政策支持，各专业建设准确定位创新创业人才培养目标，根据各专业建设特点、学校专业发展侧重点、地方经济发展等制定创新创业人才培养目标。学校层面出台资金支持、政策扶植等多种灵活政策提供创新创业教育平台，把创新创业教育融入人才改革。

（3）落实创新创业教育在“双高”建设中的指导教师改革。

开展创新创业教育是“双高”建设背景下进行人才培养的重点所在，教师是创新创业教育的主要指导者。首先“双高”建设对创新创业指导教师的要求要根据求真务实的原则进行，不必追求高学历、高职称，要脚踏实地聘请有创新创业能力的人员来担任指导教师。“双高”建设期间要打破没有专职的师资保障创新创业教育人才培养的现状，从能力本位视角出发，采取内部培养和外部引进协同并举的多方联动方式进行高素质的“双师型”创新创业师资队伍选聘渠道。如外部引进的创新创业指导教师可以紧紧围绕产教融合平台合作的企业进行选班，这样既有利于校企更加深度融合，也有利于创新创业教育的开展。其次针对“双师型”师资队伍的建设，关键要做好高校改革教师职称评审制度和工作考核评价制度，打破唯学历、论文、课题等评审制度，创新创业指导教师以项目为载体、以结果为导向的职称评审制度不仅有利于创新创业教师队伍的稳定，也有利于激发指导教师的工作积极性。

六、高职院校创新创业教育体系构建

为了促进高等职业教育健康发展，教育部印发了《教育部关于全面提高高等职业教育教学质量的若干意见》，提出要针对高等职业院校学生的特点，提高学生创业能力，培养德智体美全面发展的社会主义建设者和接班人。“跟进教育”指学生的思想、需要和兴趣走到哪里，学校的育人工作就要跟进到哪里，它是通过“跟进”的思维和方式对学生进行教育的工作思想和策略。高职院校要以此为为核心，不断进行课程体系改革、人才培养模式创新，加强高职生的创新创业教育工作。

（一）高职院校“五位一体、跟进教育”体系的概念表述

根据高职生特点、高职生教育规律、创新创业教育要求，高职院校构建了“五位一体、跟进教育”创新创业教育体系。这里的五位一体是指“体制保障、课程建设、创业意识、创业模拟、创业评价”；跟进教育是指“基础教育、专业教育、创业培训、公司模拟、全真实践”。“五位一体、跟进教育”创新创业教育体系遵循了高职生创业的需要、兴趣爱好等，跟进高职生创新创业教育实际情况，为高职生创新创业教育提供了科学的创新创业教育体系。在创新创业教育过程中，高职生得到了全方位、全过程、全员教育，尤其是一切有创业激情和创业想法的学生得到了更专业的创新创业教育培训。

（二）高职院校“五位一体、跟进教育”体系的重要性

高职院校创新创业教育从理论教学到实践指导、从通用理论到专业指导、从启蒙教育到创业成功等需要一个完整的创新创业教育体系作为指导。“五位一体、跟进教育”的创新创业教育体系为高职院校创新创业教育路径探索起到了积极的指导作用。

1．体制保障

体制保障是高职院校创新创业教育的基石。任何计划的制订和目标的达成首先取决于组织领导，高职生创新创业教育需要创新型领导，领导的决策（对创业型人才培养的重视度）、领导的作为、组织机构等对高职生创新创业教育具有极大帮助。高职院校领导要落实上级有关创新创业教育的政策，根据学校实际情况制定激励创新创业教育的政策，重视创新创业教育教师的培养，创新适合本院校的创业教育。目前高职院校的创业课程教师大部分由学院的分管学生领导、辅导员等人员组成。创新创业教育就更加需要顶层设计做出决策，建立创业基地，加强和企业合作完成创新创业教育项目，共建创

业模拟平台，培养学生创新创业意识。

2. 课程建设

课程建设是高职院校创新创业教育的主载体。课程建设为创新创业教育提供重要理论知识来源。高职生创新创业教育的实施载体是课程内容和教学体系，只有发挥课堂教学的作用，才能将创新创业教育落到实处。

创新创业教育基础知识也可以成为通用知识，主要指学生的创业基本技能、创新创业教育理论、创业要素等理论层面的知识；选修课是完善和补充基础知识之外的创新创业教育知识，可以是专业讲座、创业沙盘推演、大赛指导等；实践知识是根据创新创业教育的理论知识进行模拟实践的，或者是在实践过程中体验创新创业教育，加深对创新创业教育的认识，如创业社团、创业大赛、创业实训等形式；专业培训是对具有创业意识的学生进行的有针对性的 SYB、GYB 的创新创业教育培训，让学生早日进行创新创业教育的模拟启动。创新创业教育课是跟进教育的体现，创新创业教育课程的安排是跟进教育规律、跟进高职生学习特点、跟进高职院校创业教育内容，创新创业教育课程建设是创新创业教育的主体需求。

3. 创业意识

创业意识是高职院校创新创业教育的主要目的。学校的顶层设计、课程建设不仅为学生提供创新创业教育的基本知识，更应培养学生的创业意识。创业意识主要包括创业需要、创业动机、创业兴趣、创业理念。高职生创新创业教育重点是创业意识的培养、普及创新创业教育基础知识，而对创业需要、创业动机、创业兴趣、创业理念的培养，主要在高职生大一、大二年级进行。创业意识的跟进教育要通过营造校园创业文化氛围，通过入学教育、参观创业园、创新创业教育课程设置、组织社团活动等多种途径实施，以激发自主创业意识，使高职生具有创业的想法。创业意识的培养是高职院校创新创业教育跟进教育的主要体现，激发学生创业意识对学生创新创业教育有极大的促进作用。

4. 创业模拟

创业模拟是高职院校创新创业教育的模拟实践阶段。理论教育和实践教育相结合是成功开展创新创业教育的课程基石，创业模拟不仅可以在课堂内外，也可以在校园内外，高职院校的创业模拟主要由课堂模拟、社团模拟、实景模拟（校企合作平台）、全真模拟组成，每个模拟环节都是跟进教育。创新创业教育的模拟是高职生创业成功的重要检验环节。

5. 创业评价

创业评价是对高职生创业成功与否的评价阶段。高职生创业是否成功，要看社会的检验和评价。社会评价采取对毕业生进行跟踪调查的方式，根据创业业绩和发展前景，作出综合性评价。评价指标应包含五年内毕业生创业率、创新成果、单位重用程度、社会评价信息等。

（三）高职院“五位一体、跟进教育”体系的跟进教育实践

高职院校创新创业教育不能脱离高职生的专业课程学习，不能为了创业而进行创业培训，不能没有系统地进行创业教育。高职生创新创业教育要依托高职院校课程体系建设平台，把高职生创新创业教育写入人才培养方案。创新创业教育要在课堂内外、校园内外相结合，理论教育与实践体验相结合，专业指导教师与校外指导教师相结合，把高职院校创新创业教育打造成全方位、立体化的跟进教育体系，形成基础教育、专业教育、创业培训、公司模拟、全真实践的跟进教育。

1. 基础教育

基础教育是高职生创新创业教育的启蒙阶段。创新创业教育作为高职院校的公共必修课，要保障创新创业教育课程的课时和教学实施正常开展，创新创业教育课必须贯穿于高职生的全过程学习，如常州机电职业技术学院的创新创业教育分三阶段实施。组织大一新生到学院创业园参观学习，鼓励学生参加创业社团，开设“学业指导与生涯引航”课，强调创业在职业生涯规划中的重要性；鼓励大二学生参与创业大赛，撰写创业规划书，开设“就业起航创业腾飞”课，重点指导学生创业的知识掌握；鼓励大三学生模拟创业实践，走进社会模拟真实创业环境，开设“员工意识职业素养”课，强调创

业需要的基本职业道德等。充分保证高职生创新创业教育学习的全过程。同时在学院层面开设创新创业教育选修课，进行比较专题化创新创业教育，让感兴趣的学生进行创新创业教育的专业化培训。

2. 专业教育

专业教育是高职生创新创业教育融入阶段。在高职生进行创新创业教育的同时，进行专业教育，在学生专业教育过程中融入创新创业教育，选拔优秀专业教师进行创新创业教育的专业教育，组建、指导高职生创业社团，指导学生专业教育的创业大赛，邀请企业创业成功者回校进行创业课堂讲座，搭建学院层面的创业基地，每学期评选学校创业之星等，把专业教育与创新创业教育有机结合，进一步提高高职生创业文化氛围。

3. 创业培训

创业培训是高职生创业意识激发阶段。对于创业意识比较强的学生，高职院校提供进一步的创业培训，主要进行 GYB \ SYB 的创新创业教育培训，定期开设创新创业教育培训班，由创业导师负责授课。创业导师由校内和校外指导教师相结合，进行创业想法、项目选择、融资教育、人力资源管理等更为专业的知识培训，对培训合格的学生颁发结业证书。

4. 公司模拟

进行公司模拟是高职生创新创业教育模拟阶段。如果前面几个阶段都是高职生创新创业教育的理论阶段，那么公司模拟就是创新创业教育的模拟阶段。公司模拟阶段由学校聘请校外创新创业教育成功人士、创新创业教育指导专家和校内创新创业教育指导老师，根据高职生创新创业教育的培训情况，尤其是经过专业培训的学生，检验他们的项目是否可行，有针对性地加强创业能力提升。公司模拟内容包括经营项目选择、公司框架搭建、产品市场分析、营销计划制订、财务收益预测、创业风险分析和创业计划完善等七大实训模块。让学生真正达到在做中学、在学中做的锻炼效果，为学生下一步投身创业实践进行前期热身，降低创业风险。

5. 全真实践

全真实践是高职生创新创业教育的实战阶段。针对经过公司模拟、受过专业指导的高职生和比较成熟的创业项目，由高职生向学院申请，学院可以免费提供创业场地，并成立创业基金，当地政府部门可以提供创业贷款优惠政策等。如常州科教城为常州高职生提供的创业基地及优惠的贷款政策等。常州科教城和大学城紧密相连，科教城还可以为高职生提供前沿信息和更好的创业项目发展。这样的全真模拟基本是完全的市场化运作，为学生今后的创业提供了扎实的经验借鉴。

（四）完善高职院校“五位一体、跟进教育”体系的创新创业教育路径

在高职院校“五位一体、跟进教育”体系构建中，体制保障是创新创业教育的基石。高职院校通过体制保障进一步完善创新创业教育服务，“五位一体、跟进教育”体系构建会更好得到实施。

1. 学校统筹，为学生创新创业教育拓宽路径

目前很多高职院校创新创业教育还仅仅停留在简单的讲座形式、理论教学和实践教学形式，甚至还没有纳入学校的一课教学，这都严重影响到学生的创新创业教育。因此，为保证学校创新创业教育的充分开展和取得良好教育效果，学院要把创新创业教育纳入到一课教学，作为公共必修课进行教学安排；开展创新创业教育相关的选修课教学；学生进行的创业活动或创业大赛取得的成果，经学校认可，可以与选修课或者实践课等课程的学分进行互换；创业活动、创业成果等，经学校认可的可以免修相关的选修课等。从教学环节保障学生创新创业教育的充分开展，使学生创新创业教育得到多元化、个性化的保证。

2. 组建创业教师队伍建设，提高创新创业教育指导能力

创新创业教育需要优秀的指导教师，指导教师来自学校创新创业指导教师、职业规划教师、课程专业教师等，和企业兼职教师相结合，组成高效的创新创业教育指导团队。创业教师队伍要加强自身创业能力的建设，理论知

识的学习，掌握教学技巧，能指导学生创业规划和创业大赛；创业教师要指导学生如何利用自身特长、专业优势、各种资源等进行创业，让学生避免走弯路；创业教师团队要树立可长期创业教育理念，将创新创业教育与就业工作、职业生涯规划工作结合在一起，让高职生意识到创新创业教育的重要性，确保创业活动得到持续发展。

3．多方合作，鼓励高职生创业

建立“政府、企业、行业、学校”互动平台，形成高职生创业拓展延伸平台，是高职院校创新创业教育取得成功的有效途径。当地政府、企业、行业要提供高职院校创新创业教育政策支持、法规保障、资金帮助等措施，有针对性对高职院校学生创业活动提供有效的政策支持；如政府应牵头联合银行、企业、行业等部门在高职院校设置创业基金，允许企业冠名各类创业大赛等为高职生创业者提供便利的条件，尤其是对一些有发展前景的项目进行政策支持和资金扶持，为高职生创业提供多方面支持。创新创业教育对高职生学业指导、职业发展有着重要意义，“五位一体、跟进教育”的创新创业教育体系对高职院校创新创业教育实施起着重要指导作用、对高职生创业成功起着引领作用。同时，对于加强高职院校创新创业教育、提高创新创业教育的社会认同、提高创新创业教育在社会发展中的地位也具有重要作用。“五位一体、跟进教育”能更好地提高高职生创新创业能力、专业技术水平、社会实践能力，提高创业技能和培育创业精神，对高职生的职业发展、促进就业具有重要意义。

七、高职院校创新创业能力建设

创新创业教育是高职院校以创业带动就业、高职生自我价值实现的重要途径，对提升高职生创新创业能力、创新创业意识具有重要作用。通过社会、学校、家庭等教育，培养高职生创业意识和行动技能。其中，创业意识包括高职生的创新创业意识和冒险精神，行动技能包括高职生的创新创业能力、技术能力、管理能力、社交能力等。加强创新创业教育跟进高职生创新创业能力提升的研究，不仅有利于提高高职生创业成功率，更有利于高职院校全面深化创新创业教育的实施。

（一）创新创业能力的相关概念

创新创业能力是创业者拥有的关键技能和隐性知识，是个体拥有的一种智力资本，其中包含个性、技能和知识，被视为创业者能成功履行职责的整体能力。创新创业能力分为硬件和软件，硬件就是人力、物力和财力；软件就是创业者的个人能力，包括专业技能和创业素质。创业素质包括创业热情、态度、价值观、性格和工作能力。高职生创新创业能力构建如表 1：

根据高职生自身特点，把高职生创业能力概括为：在校期间，通过社会、学校、家庭等教育，培养出的高职生创业意识层面和行动技能两方面。其中，意识方面包括高职生的创业意识和冒险精神，而行动技能方面则包括高职生的创业能力、技术能力、管理能力、社交能力等。

高职生创新创业教育跟进创新创业能力的培养路径：从创业理论教育到创业实践教育，从专业基础课教育到专业核心课教育，从创业社团教育到社会实践教育。高职生创新创业教育紧跟创业能力的意识层面和行动技能层面，形成高职生创新创业教育理论教育递进、能力渐升的局面。

表 1　高职生创新创业能力构建

项目	条件	内容	作用	载体	表现形式
创新创业基础	环境建设	学校办学理念、文化底蕴、办学理念等	为创新意识、创业精神形成提供浓厚的文化氛围	依托专业独立经营、校企合作经营、跨行业合作经营等	物质：创新创业场地的建设；精神：学校举行各项大赛和创业实践中表现出的激情；行为：创业效应和社会反映
	组织领导	制定创新创业的各种制度，为创新创业提供制度保障等	为创新创业提供便利和资金支持等	理论：课堂理论传授（专职教师）实践：学校学生社团、学生会、行政人员、辅导员为主	促进创新创业教育的会议、各种创意比赛和创新大赛开展等

续表

项目	条件	内容	作用	载体	表现形式
创新创业能力培养	师资队伍	教学能力、教学环节、教学效果、科研能力等，尤其是创新创业指导老师的设置	为培养学生创新意识、提高学生创业能力提供师资保障	教师指导学生创业团队、创新创业教育课程设置、创新意识培养等	指导学生创新创业能力和实践过程中的表现等
	课程设置	创新创业课程设置	为大学生创新思维和创业能力培养提供课程保障和理论支撑	课堂、课外实践	对创新创业理论的把握和运用
	学生素质	德育、智育、身心	创新创业需要的基本素养	社团活动、创业基地、与校外合作、各项技能大赛等	学生干部评定、奖学金评定、学生标兵评定、实践先进个人评定、各项大赛奖项设置等
创新创业成效的外部评价	社会反馈	跟踪社会对创新创业成效的评价	促进和审视创新创业存在的不足，从而激发创新意识、提高创业成效	问卷调查、走访等	社会对创新思维和创新成果的认可度

高职院校创新创业教育主要包括创业课程教育、专业课程教育、实践课程教育三个方面。其中，创业课程教育包括创业理论课与创业选修课，专业课程教育包括专业基础课和专业核心课，创业实践课程教育包括创业讲堂、创业模拟、创业大赛、创业社团、社会实践等。其中，创业课程教育对接高职生创新创业意识层面的能力，专业课程教育和创业实践课程教育对接高职生创业行动技能层面。创业课程教育是专业课程教育和实践课程教育的基础，专业课程教育和实践课程教育是创业课程教育效果检验与提升，两者相互作用，互促共进。

（二）高职生创新创业教育跟进创业能力提升教育过程中存在的问题

高职生创新创业教育是否系统、是否有针对性、是否有效果，关键还是要看创业能力是否有提高，创业成效是否有增长。目前，高职院校的创新创业教育缺少系统性、针对性，高职院校尚未很好地根据本院校实际情况进行高职生创新创业教育，而是一味地模仿其他一些较有特色的高职院校进行创新创业教育，这就脱离了实际，从而导致高职生创业能力培养的缺失。

1．高职生创新创业教育体系不够健全，导致创业能力教育不系统

随着社会经济发展的多元化，创业领域随之逐渐宽广，高职院校通过创新创业教育教会学生具备一定的创业能力是创新创业教育的目的所在。然而，目前的高职院校仅仅把高职生创新创业教育作为一个时髦的热词，不能根据自己学校办学特色、专业特长、学生特点等探索出一套行之有效的创新创业教育体系。部分学校只是一味简单模仿创新创业教育比较好的学校，这就失去了自己的创新创业教育特色。高职院校创新创业教育存在的主要问题是：创新创业教育的创业课程教育混乱、领导重视程度不够、专业课教学缺乏创新意识的培养、创业实践课创新性不够等。高职院校创新创业教育的体系不健全从而导致高职生创业能力教育的不系统，高职生创业能力得不到提高，创新创业教育效果不明显。

2．高职生创新创业教育的创业课教育不够严谨，导致高职生创业能力的意识层面不明显

这里的创业课指创业理论课和创业选修课。创新创业教育本应贯穿高职生的在校期间学习，但有的学校仅仅在大三阶段才开始创业理论课和选修课的教学；有的学校只是简单地开设几个创业模块教学，开设几个讲座等；有的学校是全校学生使用同一本教材，同一内容，对不同专业进行创新创业教育，严重缺乏针对性；有的学校师资力量薄弱，简单地找一些辅导员、行政人员等来讲解创新创业教育；有的学校领导不够重视创新创业教育，简单地把创新创业教育作为一门考查课或者选修课来上，这就失去了创新创业教育

的严肃性。

创业理论课程和选修课对高职生创新创业意识、冒险精神的培育至关重要，意识层面的创新能力是创业的基石，创业课教育的随意性导致高职生创业能力的意识层面不明显，对后续的高职生行动技能能力的培养也有拖后腿之嫌疑。

3. 高职生创新创业教育的实践课教育缺乏创新，导致高职生创新能力的行动技能层面欠缺

高职生创新创业教育创业实践课尤为重要，它是对创业理论的进一步掌握和实践。创业实践课覆盖高职院校的全方面，教学时间全覆盖、教学学生全覆盖、教学内容全覆盖。这里创业实践课主要指创业讲堂、创业模拟、创业大赛、创业社团、社会实践等方面。在创业实践课教学过程中这几个方面要互为补充，相互促进，现实是这几个教学各成一体，很难形成合力，导致创业能力的行动技能层面欠缺。

创业讲堂教学问题主要表现在：邀请到创业讲堂的嘉宾对高职生来讲，要么过于高远，要么没有代表性，且讲堂时间安排过于随意，显得不够针对性，不够系统。创业模拟教学问题主要表现在：创业模拟过于形式导致学生不能进入模拟环境，创业基地建设不健全导致学生没有模拟的场地和条件，创业模拟缺乏指导导致学生缺乏理论教育等。创业大赛教学问题主要表现在：一方面是创业大赛学生的选拔不科学，选拔不系统，参与大赛选手人数过少，过于集中，不能形成全面参与的局面；另一方面是创业大赛的不够开放，部分高职院校仅仅是自己学校一个部门或者学校团委等举办，没有邀请企业、行业等人员的参与，显得创业大赛过于封闭等。创业社团教学问题主要表现在：创业社团数量较少，参与人数较少，社团指导教师配备数量和质量不到位，社团的创业项目和活动开展质量不高等。社会实践教学问题主要表现在：学生重视程度不够，流于形式，管理不严，与社会互动不到位，针对创新创业教育的实践教学内容不多等。

创新创业教育的实践课教学对高职生创业能力教育具有举足轻重的作用，关系到行动技能层面的创业能力、技术能力、社交能力、管理能力等能

力的培养。实践课教学缺乏创新导致高职生创业能力的行动技能方面能力的欠缺。

4. 高职生创新创业教育的专业课教学过于死板，导致高职生创业能力的技术能力不能充分发挥

高职生创业内容是多方面的，以专业为基础的创业是社会希望看到的。专业课教学分为专业基础课和专业核心课，在基础课教学和核心课教学过程中，教学会让学生依靠专业基础，从事专业有关的创业活动，这里的技术能力和管理能力作为创业能力的行动技术层面对高职生的创业能力至关重要。然而，部分学校专职教师认为专职教师只要把专业课讲好就行了，创新创业教育跟自己没关系，这就形成了一个误区。

目前，高职院校专业课教学方式和教学内容都缺乏创新。教学方式过于死板，导致学生上课没有积极性，教学内容缺乏新意，导致学生感觉学习无用。同时，专业课教师与创业课教师沟通较少，专业课教师的创业指导培训较少等都是导致专职课教师教学缺少创新、缺少创新创业教育引导的原因所在。

（三）高职生创新创业教育跟进创业能力提升教育的途径分析

高职生创业能力的培养需要政府资助、学校教育、社会引导、企业支持等多方面的扶植。不同方面所起的作用不尽一样，学校教育是培养学生创业能力的主要途径，主要从学校层面分析高职生创业能力教育途径。高职院校创新创业教育跟进高职生创业能力教育，主要从创业师资队伍建设、创业课程建设、实践课建设、专业课建设等几个方面进行高职生创业能力教育分析。

1. 注重顶层设计，重在制度落实

任何计划的制订和目标的达成首先取决于组织领导，高职生创新创业更需要创新型领导，领导的决策（对创新创业型人才培养的重视度）、领导的作为、组织机构等对高职生创新创业具有极大帮助。

高职院校要根据高职生特点，制定有针对性、可操作性、具有领导指示

性的相关计划和规章制度，制度带有根本性、全面性、稳定性和长期性的特点，完善的制度建设是开展好各项工作的前提，对高职生创新创业的制度落实必须有创新型的人员来执行，学校要创造各种有利条件并建立相关机制，鼓励教师进行教学改革和创新，在讲课时能讲出新内容，出题时能有新思路，解题时能用新方法，议论时能发表新见解，科研中能有新创举，从而在学生中树立具有创新精神的师表形象，潜移默化地感染学生，激发学生的创新意识，促进学生创造能力的形成和发展。

高职院校主管学生工作的领导和辅导员（班主任），尤其是具有创新意识和创业精神的辅导员（班主任），要去正确领略和执行学校制定的有关高职生创新创业的各项规章制度。这些制度的制定必须依照学校、专业、学生特点，确保高职生创新创业的全面性、稳定性和长期性。高职生在创新意识和创业精神培育及进行创业实践时需要各方的辅导和支持。

2. 建设一支专业化、创业型的师资队伍

要培养创新创业型人才，学校教师队伍是关键。高职生创新创业教育要体现在教师教学能力、教学环节和教学效果三个方面，具体包含教师创新创业的意识和精神、教学表现、个人教学科研成果、指导创新创业的成果等方面。教育经验证明，名师出高徒，高素质的师资队伍是决定一所高职院校核心竞争力的关键所在。创新创业教师队伍的建设不一定要求专业，但一定要求具有创新性型思维和创业精神。创业需要激情更需要理论指导，所以创新创业教师队伍必须重视理论的传授和创业实践的指导，并在实践中检验理论教育的成效。比如，各项创新创业大赛的指导，其中创业项目的选择和产品创新是大赛能否成功的重要标准之一，可以讲是创业大赛是否能够成功的核心。

建设一支专业化、创业型的师资队伍对高职院校创新创业教育有重要作用，是提升高职生创业能力的基础。目前，国内高校并没有创业专业指导教师，现有创业师资队伍由辅导员、行政人员等组成，创业理论知识与实践比较匮乏，缺少创业培训、创业实践等提升师资专业化教学的途径和手段。为此，高职院校要加大创业师资力量的建设力度。可以采取以下办法：一是加强在校创业教师的教学能力建设。组织教师参加省级、国家级等各类的创新创业教育培训、研讨会、经验交流会，组织教师参加各类创新创业技能大赛，组织教师指导学生创新创业大赛，组织教师走进企业学习企业的实践经验等。二是创业师资队伍建设多样化。根据学校专业设置引进创业成功的且具有理论基础能教育学生的人才进校，聘请创业成功人士、融资公司人员、投资顾问、工商部门人员等组成创新创业教育联合团等。三是加强专兼职创业教师互联互动，经常举办专兼职创业教师经验交流、学术研讨、创业模拟等，让创业教师的理论水平和实践指导能力得到全面提高。高素养的教师才有可能更有效地培养出高素养的学生，将理论知识与实践知识相结合才能建立一支具有创业知识与能力的复合型创业型教师队伍。①

3. 以提升创业能力为本，构建科学合理的创业能力教育课程体系

建立科学的创业课程体系建设对提高高职院校创新创业教育有重要作用，是提升高职生创业能力的重要途径。目前，国内创新创业教育包含技术经济学科或企业管理学科，尚未成为独立学科。由于学科地位的边缘化，绝大多数高校并没有把创新创业能力的培养看成高等教育主流教育体系的一部分。②

根据高职生创业能力的意识层面和行动技能层面进行创业课程体系建设，要加强创业课、实践课、专业课三类课程建设，课程建设要面对全院学生，教学对象要有层次性，教学内容要有针对性。

创业课教学主要指创业理论课和创业选修课，两者覆盖在校所有学生，选修课是创业理论课的有效补充。创业课和选修课理论知识涵盖创业的基本概念、内涵、创业一般流程等，涉及创业技巧、资金筹备、营销管理、政策法规、创办企业相关流程等关键环节和要素，以及其他与创业活动相关的理论和方法。创业理论课和创业选修课对于提高高职生创业能力意识层面具有重要引领作用，能激发高职生的创新创业意识和冒险精神。

---

① 刘硕. 高职院校学生创业能力培养研究［D］. 湖南师范大学，2011.

② 曹胜利，雷家骕. 中国高校需要怎样的创新创业教育［N］. 中国教育报，2010－01－13.

实践课程教学包括创业讲堂、创业模拟、创业大赛、创业社团、社会实践等。创业讲堂主要邀请成功创业者开展针对全体学生的讲座或者系列讲座，主要包括与高职生专业有关的创业者和创业成功校友回校讲座。同时，邀请一些与创业有关的企业、行政单位等部门人员来校讲座，在讲座开设上要根据大一、大二、大三不同年级，不同学生要求开设不同种类的讲座，更多满足创业学生的需求。创业模拟主要是利用学校创业基地、校企合作平台、创业软件等资源，指导学生模拟社会创业过程，如创业项目选择、资金筹备、人员管理、市场开发等。创业大赛主要指国家级、省级、市级、校级等部门举办的各类创业项目大赛，通过创业大赛激发创业者热情，并吸引社会具有投资意愿的企业家进行投资，能激发更多学生进行创业。创业社团指高职院校组织的与创业有关的社团，社团主要以培养学生创业意识、创业能力等为主，社团配备专业指导教师，部分社团还可以聘请校外创业成功者兼职。学校出台相关政策，实现参加社团学分与其他课程学分互换等制度。社会实践一般包括寒暑假社会活动，更多指在学校过程中参与社会有关的活动。学校要有效指导学生参加社会实践，必要时可以指定社会实践项目，并严格要求其完成。实践课程教学内容丰富，形式多样，载体广阔，对提高高职生行动技能层面的能力具有重要意义。

专业课程教学主要包括专业基础课和专业核心课程。创新创业教育的内容渗透到各专业课程之中，并贯穿于人才培养的全过程，创新创业教育与各专业课教学融为一体，同步进行。① 把创新创业教育充分融入专业课程教学过程中，这样对高职生涉及专业创业具有启蒙作用，对其行动技能层面具有重要指导作用。要求任课教师在专业教学过程中把创新创业意识贯穿其中，将创业能力通过意识层面转化到行动技能层面。

抓好课堂内外的教学对高职生创新创业教育课程的建设同样具有重要作用，能提升高职生创业能力。

课堂内：专业课程的学习，创业思维的培养。如常州机电职业技术学院

① 李菁莹．创业教育与各专业课教学融为一体［N］．中国青年报，2012－12－17．

在重视专业教育的同时进行创新创业教育课程设置：根据高职院校学生特点，该校把创新创业教育纳入人才培养方案中，在教学计划中，创新创业教育作为公共必修课，共开设20个课时，其中课内16课时，课外讲座4课时。创新创业教育分三阶段实施：大学一年级开设“生涯引航扬帆职场”课，大学二年级开设“就业起航创业腾飞”课，大学三年级开设“员工意识职业素质”课，共设计“自我盘点，我了解自己吗”“直面人生，你的创业之路在哪”“纵横职场，你剑指何方”等15个创新创业教育任务。

课堂外：这里把实训课和创业基地的实践统称为课堂外。实训课是专业教育实践的重要途径，高职生实训可能是在校内的实训室，也可能在企业、校企合作部门，不管实训地点如何都是专业教育的理论延伸；学校的创业基地和学院社团实体等都是创新创业教育实践的载体。如常州机电职业技术学院以“创意—创新—创业”为主线将创业模拟贯穿人才培养全过程，以创意工作坊、创新训练营、创业竞技场为载体，根据专业学习进度引导学生参与其中，鼓励学生巩固专业学习，开发创新思维，寻求创业良机，实现自主创业。

4. 营造良好的校园创业文化环境

创新创业环境建设指外部环境和内部环境，外部环境指高职生创新创业的物质条件即物质基础。高职院校以培养学生技能和实训为基础，需要现代技术、设备及实习场地，这为学生创新意识培养奠定了良好的创新基础。内部环境指创新创业需要的个人技能、创业精神等，是内在的。内部环境对创新创业是否成功有重要作用，但创新意识培养需要高职院校浓厚的创业氛围和创新意识培养的平台，高职院校要有适合学生创新创业的平台搭建，如校企合作、厂中校、校中厂，企业技术引到学校，学生到企业实践，这是依靠专业技术创业的平台。学校校内部门合作，如学校各专业之间的合作、联姻是鼓励学生创新创业的另一途径，这需要校内资源共享、信息共享。学校要注重创新创业的外部环境建设即物质建设，更需要内部环境建设即创新创业精神的培养。

简言之，创业文化是文化的一个种类，是一种意识现象，是一种在创业过程中能够展现出来的能指导高职院校创业活动的文化。[①] 创业文化是高职校园文化的重要组成部分，是高职院校创新创业教育体系的重要环节，在高职院校建立创业文化对高职生创业能力和创业行为有着深远影响。这里的校园创业文化包含创业物质文化、创业行为文化、创业制度文化和创业精神文化四个部分。

就高职院校而言，建立高职院校的创业物质文化关键在于创新创业教育与创业实践基地建设、资金投入、校企合作质量等；创业行为文化在于学校人才培养导向、创新创业教育活动形式、学生素质教育模式、创新创业实践开展形式等落实情况；创业制度文化指高职院校根据专业建设情况对创新创业教育的师资投入、创新创业教育教学改革出台的相关政策等；创业精神文化指本校传统文化中所含有的创新创业文化，具有强烈的创新意识、创业精神、冒险精神等。把高职院校创业文化建设内化到校园文化建设中去，让校园文化建设带动创业文化建设，通过校园创业文化建设形成高职生创业能力建设的长效机制。

提升高职生创业能力是高等职业教育面向现代化、面向未来的发展趋势，提高高职生创业成功率对国家职业教育发展、高职生创业带动就业等具有重要作用。鼓励高职生创业，提升高职生创业能力是高职生自我价值的实现，是高职生全面发展的体现，同时，对高职院校全面开展创新创业教育具有一定的助推作用。

5. 加大社会对创新创业教育反馈，完善创新创业教育评价体系

高职生的创新创业及其效果不能由学校说了算，应有社会的检验和评价，适合市场的发展规律，适合社会发展是创新创业是否成功的重要评价。社会评价可采取对毕业生进行跟踪调查、到用人单位走访等形式，广泛听取各方意见，作出综合性评价。这种由用人单位评判其创新能力，并由此显现出社会对人才培养标准的要求，正是高校培养创新人才的价值取向。评价指标应包含五年内毕业生创业率、创新成果、单位重用程度、社会评价信息等，如

① 曾亮. 高职院校创业文化培育研究［D］. 西南大学，2012.

常州机电职业技术学院采取由麦克斯调研公司调研的方式，数据比较客观公正。

构建高职院校创新创业评价体系是一项复杂工程，需要调动多方力量进行研究与规划，并要区分高职院校和其他本科院校，必须结合高职院校自身特点进行高职生的创新创业教育体系构建。在当前的教育体系中，并不是学生上了大学才进行创新创业教育，创新创业教育必须从小培养，大学只是创新创业教育提高和重点培养的一个阶段。创新创业教育不纳入教育的主流内容，就不会改变目前人才培养的现状；创新创业教育评价体系不构建，评价不开展，呼唤创新创业人才的涌现也只能是空喊。但笔者也深信，创新创业教育的兴起昭示着我国教育事业蓬勃发展的前景，高职生的创新创业教育必将成为国家经济的高速增长点。

八、高职院校创新创业教育评价

高职院校创新创业教育评价体系是促进其创新创业教育的重要因素之一，影响高职院校创新创业教育因素是多方面的。从政府层面、学校层面、学生层面、社会层面等四个方面构建高职院校“四位一体”创新创业教育评价体系，体系构建对高职院校创新创业教育具有重要的监督评价作用，能更好培养高职院校创新创业型人才。

随着创新创业教育的呼声不断提高，各高职院校创新创业教育各显其能，创新创业教育模式多样。在高职院校创新创业教育的同时也存在着表面轰烈、内容欠缺，创新性不够、创业与专业融合度低，师资队伍混乱、课程建设不合理等现象。究其原因，高职院校创新创业教育缺乏一个考核机制，缺乏一个完整的科学评价体系。

评价体系在高职院校创新创业教育中具有重要作用。创新创业评价体系是运用系统的方法，通过对影响高职院校创新创业教育相关因素进行收集资料、确定考核内容、分配所占比重等进行评价的手段。笔者从影响高职院校创新创业教育的“政府层面、学校层面、学生层面、社会层面”等四个层面，构建了“四位一体”的评价体系，评价目的在于进一步加强高职院校创新创业教育的内容建设，规范其创新创业教育行为并培养高素质、高技术的人才。

（一）高职院校“四位一体”创新创业教育评价体系内涵

评价体系必须遵循高职院校人才培养目标，在培养学生全面发展的指导下，对高职院校创新创业教育进行科学规范的、客观公正的评价和考核。它是包含多种因素的系统工程，是促进高职院校开展创新创业教育取得成效的必备因素。根据与高职院校创新创业教育有关因素，笔者从政府层面、学校层面、学生层面、社会层面四个层面和十四个评价指标进行评价体系构建。政府层面有其对高职院校创新创业教育的政策扶植、经费投入；学校层面有其办学理念、师资队伍、课程体系、校园文化、平台建设等；学生层面有其创新意识、创业能力、创新成果、实践活动、创业率等；社会层面有其企业认可、社会认可。在高职院校创新创业教育评价体系中，政策层面起指导作用，学校层面起关键作用，学生层面起核心作用，社会层面起引导作用。其中，四个层面之间紧密相连，对高职院校创新创业教育评价体系构建具有重要科学意义。

（二）高职院校“四位一体”创新创业教育评价体系遵循原则

高职院校创新创业教育评价体系遵循正确的评价原则，有利于高职院校创新创业教育的开展，有利于创新型人才培养，有利于创业率的提高等。为此，高职院校“四位一体”创新创业教育评价体系需要以习近平新时代中国特色社会主义思想为指导，本着以人为本、有序竞争、动静结合、比重合理的原则进行评价体系构建。

1. 以人为本原则

高职院校创新创业教育评价体系必须围绕如何培养学生创新创业进行构建，评价指标必须以培养创新创业人才为目标，从“人”的角度出发，用发展的眼光看待问题，本着提高学生综合素养、专业技术掌握过硬等，在构建每个评价体系指标中进行全方位、全过程的评价，让评价体系具有科学性。

2. 有序竞争原则

任何事物发展都是遵守优胜劣汰的规律的。在高职院校创新创业教育中能否充分利用资源，能否把学生培养成创新创业型人才，需要通过学校、社会、学生的竞争机制来反映，这样能督促学校提高教学效果、充分利用资源对学生进行创新创业教育。创新创业教育看似竞争激烈，但这是有序的竞争、科学的竞争，能更加促进高职院校创新创业教育的发展。

3. 动静结合原则

在高职院校创新创业教育过程中，对其评价体系构建需要动态评价与静态评价相结合。对高职院校创新创业教育过程、人才培养过程、实践教学过程等需要动态的评价体系。只有动静结合，才能科学地建立其创新创业教育评价体系。

4. 比重合理原则

高职院校创新创业教育评价体系的考核指标必须具有可操作性，具体指标可测量、可观察，且每个考核指标所占的比重不相同。创新创业教育的核心是培养创新创业的学生，学生的创新意识培养、创业技能训练、创业项目的选择等都是评价体系的核心要素，社会是否对学生创新创业教育认可、企业是否对学生创新意识培养认可等是重要的指导要素，因为指导要素激励着政府、高职院校对创新创业教育的投入程度和投入方向。

（三）高职院校“四位一体”创新创业教育评价体系内容

笔者从政府层面、学校层面、学生层面、社会层面四个方面十四个考核指标作为评价体系的考核内容进行研究。每个层面的考核内容关系着对高职院校创新创业教育的评价是否科学，具体评价内容如下：

1. 政府层面对评价体系起指导作用

政府作为高职院校的领导者，其对高职院校的创新创业教育政策扶植、经费投入都直接影响着创新创业教育的发展。为此，政府在引导高职院校创新创业教育中，科学的、有吸引力的、能帮助高职院校创新创业教育发展的政策、资金投入等是高职院校创新创业教育评价体系的一个指导要素。

2. 学校层面对评价体系起关键作用

学校评价是创新创业教育的自我评价，主要表现在以下几个方面：第一，高职院校办学理念。高职院校对学生创新创业教育的定位、重视程度直接影响着创新创业教育的发展效果，高职院校创新创业教育的相关制度建设、政策支持、领导重视是创新创业教育实施的重要保障，制度的执行情况是创新创业教育的重要评价指标。第二，高职院校师资队伍建设。高职院校对创新创业教育的师资建设投入是评价体系的重要考核内容，学校创新创业教师的配备主要从有创业经验的师资比例、从事过技术工作及企业管理的师资比例、专业创新创业教师的师资比例、学历结构的师资比例、职称结构的师资比例、研究成果转化为经济效益的师资比例、发明专利得到引用的师资比例等进行考核。第三，课程体系。高职院校创新创业教育课程体系是创新创业教育的理论基础，主要看创新创业教育的理论课教学效果、实践课教学效果、创新创业教育的专业基础课教学效果、创新创业教育的专业核心课教学效果、接受创新创业教育的学生覆盖率等，课程体系的建设是高职院校创新创业教育理论评价体系的重要内容。第四，校园文化。高职院校创新创业教育文化氛围是评价体系的重点考核对象，主要考核学院创新创业社团建设情况、创新创业活动开展情况、创新创业的科研情况、学生参与创新创业的激情、校企合作的创新创业教育情况等，建立学校创新创业文化是培育创新创业人才、创建学校创新创业体系的关键。第五，平台建设。高职院校创新创业教育平台建设主要指促进学生创新创业教育的载体，或者看创新创业教育的实践条件，考核内容主要有创新创业的规章制度、创新创业社团建设数量、创业大赛开展数量、创新活动开展次数、企业合作数量、创业中心的机构数量、创新创业活动的经费覆盖面、学生参加创新创业社团的比例、专业社团建设数量、孵化器及配套服务的使用率等。

学校层面的评价体系考核指标主要考核对创新创业教育的重视程度、具体做法及创新创业教育效果的体现，从主观要素分析，对高职院校创新创业教育评价体系建设起着关键作用。

3. 学生层面对评价体系起核心作用

高职院校创新创业教育的主要目的是培养创新创业型的学生，主要体现以下几个方面：第一，创新意识。创新意识主要是通过创新创业教育等教学考核学生学习方法创新、做事方法创新、自我管理创新、开展活动的构思创新等方面，主要表现在学生在生活、学习、工作中的效率。第二，创业能力。创业能力是评价体系的最核心要素，主要考核学生是否具备创办企业中主要的岗位必备能力、接受和理解与所办企业经营方向有关的新技术能力、知识掌握和法律法规运用的实际能力、捕捉市场能力、专业技术应用能力等。第三，创新成果。对学生创新成果的考核指标主要是其学习专业的体现，主要有专业科研成果数量、专业发明专利数量、产品创新数量、商业模式创新效果、管理创新效果、新技术创新情况等。第四，实践活动。主要指学生参与创新创业的有关活动，如学生参与创新创业课程教学的次数、创新创业的讲座次数、创新创业的有关竞赛活动次数、参与社团建设的人数、参与企业活动的人数、参与创业园内的活动次数等。第五，创业率。创业率是创新创业教育的主要目标，也是落脚点。创业率主要是考核学校学生进行创新创业教育以来在校生和往届毕业生的创业数量。创业项目和专业融合度、创业者的创业规模、社会效益等都是对创业率的考核指标。

学生层面是高职院校创新创业教育的出发点和落脚点，评价体系所占比重更多的要体现在学生创新创业教育效果上。只有学生创新创业有了效果，高职院校创新创业教育才起到了真正的作用。

4. 社会层面对评价体系起引导作用

社会评价一般是政府之外的组织和社会大众进行的评价，社会评价更多的是偏向高职院校创新创业教育的外在性状态，它不但从学生创新创业成效进行评价，而且更多以高职院校进行创新创业教育以来的毕业生的总体评价为参考。高职院校创新创业教育不能局限于政府、学校、学生，更重要的是要靠社会的引导。社会对高职院校创新创业教育的评价主要从企业认可度和社会认可度进行评价，可以通过对毕业生进行跟踪调查、对用人单位进行走访调研和问卷调查等，综合多方资料收集，作出综合评价。企业认可度主要体现在用人单位对学生的工作责任、团队精神、技术贡献等方面考核，创新能力高低由用人单位进行评价。社会认可度主要是通过学生在社会中的行为来体现。

总之，构建高职院校“四位一体”创新创业教育评价体系是复杂的系统工程。在国家提倡“大众创业、万众创新”的今天，高职院校建立“四位一体”创新创业教育评价体系对促进高职院校创新创业教育、培养创新创业型人才及促进社会发展具有重要作用。

第三章　社会主义核心价值观教育视域下高职院校创新创业教育

习近平总书记指出，办好中国特色社会主义大学，要坚持立德树人，把培育和践行社会主义核心价值观融入教书育人全过程；强化思想引领，牢牢把握高校意识形态工作领导权；坚持和完善党委领导下的校长负责制，不断改革和完善高校体制机制；全面推进党的建设各项工作，有效发挥基层党组织战斗堡垒作用和共产党员先锋模范作用。各级党委和宣传思想部门、组织部门、教育部门要加强对高校党的建设工作的领导和指导，坚持党的教育方针，坚持社会主义办学方向，加强和改进思想政治工作，切实把党要管党、全面从严治党落到实处。

社会主义核心价值观包含着社会主义制度下各阶层人民的最根本、最核心的价值观念，贯穿于社会主义的思想建设、制度建设、经济建设、文化建设等各个方面，推动着社会主义现代化建设，是社会主义建设内在精神的根本体现。中国特色的社会主义核心价值观是在我国进行长期社会主义建设过程中，经过我党不断探索、完善与创新而建立的。实践证明，社会主义核心价值观作为马克思主义中国化的最新研究成果，它符合我国国情，在不同的历史阶段，对推动我国各项事业的不断发展起着积极的作用，特别是在当前历史时期，践行社会主义核心价值观对我国各项事业改革和社会主义现代化建设的顺利推进具有重要意义。

一、社会主义核心价值观内涵

党的十八大提出，倡导富强、民主、文明、和谐，倡导自由、平等、公正、法治，倡导爱国、敬业、诚信、友善，积极培育和践行社会主义核心价值观。富强、民主、文明、和谐是国家层面的价值目标，自由、平等、公正、法治是社会层面的价值取向，爱国、敬业、诚信、友善是公民个人层面的价值准则。这24个字是社会主义核心价值观的基本内容。

"富强、民主、文明、和谐"，是我国社会主义现代化国家的建设目标，也是从价值目标层面对社会主义核心价值观基本理念的凝练，在社会主义核心价值观中居于最高层次，对其他层次的价值理念具有统领作用。富强即国富民强，是社会主义现代化国家经济建设的应然状态，是中华民族梦寐以求的美好夙愿，也是国家繁荣昌盛、人民幸福安康的物质基础。民主是人类社会的美好诉求。我们追求的民主是人民民主，其实质和核心是人民当家作主。它是社会主义的生命，也是创造人民美好幸福生活的政治保障。文明是社会进步的重要标志，也是社会主义现代化国家的重要特征。它是社会主义现代化国家文化建设的应有状态，是对面向现代化、面向世界、面向未来的，民族的科学的大众的社会主义文化的概括，是实现中华民族伟大复兴的重要支撑。和谐是中国传统文化的基本理念，集中体现了学有所教、劳有所得、病有所医、老有所养、住有所居的生动局面。它是社会主义现代化国家在社会建设领域的价值诉求，是经济社会和谐稳定、持续健康发展的重要保证。

"自由、平等、公正、法治"，是对美好社会的生动表述，也是从社会层面对社会主义核心价值观基本理念的凝练。它反映了中国特色社会主义的基本属性，是我们党矢志不渝、长期实践的核心价值理念。自由是指人的意志自由、存在和发展的自由，是人类社会的美好向往，也是马克思主义追求的社会价值目标。平等指的是公民在法律面前的一律平等，其价值取向是不断实现实质平等。它要求尊重和保障人权，人人依法享有平等参与、平等发展的权利。公正即社会公平和正义，它以人的解放、人的自由平等权利的获得为前提，是国家、社会应然的根本价值理念。法治是治国理政的基本方式，依法治国是社会主义民主政治的基本要求。它通过法制建设来维护和保障公民的根本利益，是实现自由平等、公平正义的制度保证。

“爱国、敬业、诚信、友善”，是公民基本道德规范，是从个人行为层面对社会主义核心价值观基本理念的凝练。它覆盖社会道德生活的各个领域，是公民必须恪守的基本道德准则，也是评价公民道德行为选择的基本价值标准。爱国是基于个人对自己祖国依赖关系的深厚情感，也是调节个人与祖国关系的行为准则。它同社会主义紧密结合在一起，要求人们以振兴中华为己任，促进民族团结、维护祖国统一、自觉报效祖国。敬业是对公民职业行为准则的价值评价，要求公民忠于职守，克己奉公，服务人民，服务社会，充分体现了社会主义职业精神。诚信即诚实守信，是人类社会千百年传承下来的道德传统，也是社会主义道德建设的重点内容，它强调诚实劳动、信守承诺、诚恳待人。友善强调公民之间应互相尊重、互相关心、互相帮助，和睦友好，努力形成社会主义的新型人际关系。

高职院校社会主义核心价值观培育和践行，关乎办好中国特色社会主义大学，关乎担当民族复兴大任时代新人的培养，关乎民族命运和国家前途。社会主义核心价值观培育和践行对于高职院校有重要的意义，是学校必须承担的社会责任和历史使命。把社会主义核心价值观融入高职院校办学治校的全过程、各领域，使广大师生自觉将社会主义核心价值观内化于心、外化于行。

二、高职院校社会主义核心价值观教育实效性研究

以江苏某高职院校社会主义核心价值观教育为例，从角色定位、对高职院校社会主义核心价值观教育的认识程度、高职院校社会主义核心价值观教育实效性现状、影响社会主义核心价值观教育实效性的因素等四个方面进行调研，调研对象涉及七个二级部门，二十四个专业，调查对象主要为团员、预备党员、正式党员、其他党派人士、非党派人士等。

（一）高职生社会主义核心价值观教育实效性调研对象定位

为保证调研对象对社会主义核心价值观教育认识的普遍性和准确性，笔者对调研对象做了详细分类，团员占 87%、正式党员占 4%、预备党员占 2.67%、其他党派人士占 0.67%、非党派人士占 5.66%。

（二）高职院校高职生对社会主义核心价值观教育认识程度

高职院校要落实社会主义核心价值观教育实效性，保证对社会主义核心价值观的认识，就要从大局出发、细节入手，从理论认识到专业学习等深入掌握社会主义核心价值观内容。

1. 对落实社会主义核心价值观教育实效性认识

社会主义核心价值观教育不仅是理论知识的接受，更重要的是实效性的体现，针对社会主义核心价值观教育实效性现状，先看高职生对其的认识程度。对社会主义核心价值观教育的理论传输的课程设置基本都是到位的，但是有部分学生并不清楚这些课程的设置，学生在校期间学过这些课程，但是在调查时还有 12% 的学生认为没有学过这些课程，对社会主义核心价值观教育的认识程度并不理想。在问卷中有“你认为学习马克思理论教育等思想政治教育课程重要吗”一题，学生的回答并不理想，竟然有 18.67% 的学生认为不重要，11.67% 的学生认为无所谓。

2. 对社会主义核心价值观教育内容的认识

针对社会主义核心价值观教育内涵认识的调查中，社会主义核心价值观的宣传和教育效果并不理想。在问及对社会主义核心价值观教育内涵了解情况时，知道一点的学生仅为 54.67%，很清楚的学生为 18%，不知道的学生为 12.33%，不太了解的学生为 15%。这些数据显示社会主义核心价值观教育还有待加强。

在问及学生对学校组织社会主义核心价值观教育小组的参加情况的调研结果显示，积极参加的学生有 42.33%，看情况的学生有 38.67%，不感兴趣的学生有 15. 33%，无所谓的学生有 3. 67%。在问及“你能说出社会主义核心价值观的内容吗”的问题时，能全部说出的学生只有 25. 33%，不知道的学生有 13. 67%，只能说出部分的学生有 61%。但是在对学生党员调查时发现，能全部说的有 45%，明显高于普通同学。这说明，高职院校学生党员在贯彻和宣传社会主义核心价值观教育方面有着重要的作用。

3. 对社会主义核心价值观教育地位及作用的认识

对社会主义核心价值观教育内容之一即“你对马克思理论作为中国意识形态领域指导思想的看法”竟有 8% 的学生不认同，无所谓的学生有 14. 33%，同意的学生有 77. 67%。如果这是学生的真实回答，作为教育者的我们必须反思我们的教育效果，在一定程度上说明社会主义核心价值观教育的理论指导还有待加强。在面对市场经济发展的今天，功利主义校园化现象严重，当问及对社会主义市场经济下加强高职生社会主义核心价值观教育的看法时，认为必要的学生有 76. 33%，没有必要的学生有 10. 33%，无所谓的学生有 13. 34%。其回答不尽如人意。

社会主义核心价值观教育对高职生的自身发展具有极其重要作用，但是仍有一部分学生对其认识程度不够，在问及“你认为高校开展高职生思想政治教育课对个人的发展怎样”时，72% 的学生认为有帮助，认为帮助不大的学生有 24%，认为没有帮助的学生有 4%。

（三）高职院校社会主义核心价值观教育实效性

上面调研了学生对社会主义核心价值观教育的认识情况，那么如何践行社会主义核心价值观教育？高职生怎样从自身去践行社会主义核心价值观教育？问卷设计和调研旨在让学生在生活和学习中应用社会主义核心价值观教育，体现社会主义核心价值观教育的实效性。

社会主义核心价值观教育实效性体现在学生生活和学习的各个方面，学生的行为是对社会主义核心价值观理论教育的最好实践。

1. 社会主义核心价值观教育实效性的爱国情怀

以爱国主义为核心的民族精神是社会主义核心价值观教育的重要内容，

面对社会多元文化的融入，市场经济发展带来的一些功利思想、个人主义、享乐主义等不良风气影响，高职生的爱国情怀如何，笔者设计了以下问题并得出数据：在问及对我国载人航天和探月工程的感想时，有53.33%的学生感到非常自豪，44.33%的学生认为自豪，觉得与自己无关的学生有2.34%。在问及日本占我钓鱼岛和扣我方船长的反应时，有25.33%的学生认为要努力学习励志报国，13.33%的学生愿意参与游行，21.34%的学生表示气愤，40%的学生认为“是可忍，孰不可忍”。尤其是在问及5·12汶川大地震后你做过什么时，以实际行动捐款的学生有57.33%，做志愿者的学生有14.67%，祈祷的学生有28%。这些数据显示社会主义核心价值观教育实效性得到了一定的体现。

从数据分析来看，高职生对祖国的发展、领土安全和国家在困难时自己的表现来看，高职生的爱国情怀还是比较高昂，但是有些数据看出高职生对爱国情怀的表达并非令人满意，虽然是少数，但必须引起我们的注意。

2. 社会主义核心价值观教育实效性的社会体现

社会主义核心价值观教育的实效性很大部分可以在社会行为上体现，高职生接受的社会主义核心价值观教育实效性在学生时代可以显现，在学生时代学习知识是很重要的，但在社会上更重要的是职业素养和道德修养，对社会的奉献和热爱，笔者在这里设计了几道问题。当遇到不法分子危害社会时有77.67%的学生表示会报警，20.33%的学生表示会上前制止，2%的学生认为与自己无关。当在公交上需要自己让位置时有76.67%的学生会主动让座，11.33%的学生视情况定，12%的学生表示不让。

在问及如果让自己放弃大城市工作去边远地区支教时，有54.33%的学生认为这是很高尚的事情，13.67%的学生要看有什么好处，极不情愿的学生有12.67%，对条件有要求的学生有19.33%。在问及选择什么样的工作时，45.67%的学生选择收入高的工作，15.67%的学生选择让家人过得幸福的工作，27%的学生选择对家人和国家都有帮助的工作，11.66%的学生选择先满足自己再考虑国家的工作。

从上面数据看出，当涉及学生自身利益的时候，学生的选择是自私的，没有自身利益付出时，所回答的是能被社会认可的。从这里可以看出学生的做法和想法在某些时候是相矛盾的，对社会主义核心价值观的理论学习和实际行为不相符。

3. 社会主义核心价值观教育实效性的学校行为

高职生的社会主义核心价值观教育实效性可以从各个方面表现出，如在问及对我院耿高鹏舍己救人事件有什么感想时，50%的学生认为是自己学习的榜样，41%的学生认为精神可贵不可取，9%的学生只是表示关注。

在学生日常行为中，出现很多学生遇见老师时对老师置之不理的现象，甚至出现学生因受到老师批评教育而报复殴打老师的现象。笔者设计了几道有关学生道德素养方面的问题，在问及见到老师是否打招呼时，85.67%的学生会主动打招呼，看情况的学生有14%，不理的学生有0.33%。但是这些数据和学生在现实生活中的表现不相符，因为在现实中很多学生对老师是置之不理的，可见学生在回答某些问题的时候是具有掩盖心理的，这更能体现出学生接受的社会主义核心价值观教育并没有很好的实效性。在问及怎样处理和同学的矛盾时，70.33%的学生会主动和解，20.67%的学生会要讨个说法，9%的学生会不予理会对方。

在问及高职生如何参加校园活动和参加大型社会公益活动时，19.67%的学生回答无所谓，19%的学生选择服从安排，61.33%的学生选择积极参加。但是从平时的学生活动中发现现实情况并不理想，很多时候需要制度性的强制学生才会参加各类活动，这证明社会主义核心价值观教育的实效性并不理想。

（四）影响高职院校社会主义核心价值观教育实效性因素分析

影响高职生社会主义核心价值观教育实效性的因素是多方面的。随着市场经济的快速发展和高职院校的迅速壮大，学生自身素质和社会主义核心价值观教育实效性必须相匹配。社会主义市场经济的建立，促进了高职生主体意识的发展。在市场经济活动中，价值规律的作用和市场经济自身的原则使人们更加重视对自身和其他利益的追求，这使高职生更加重视从利益的角度思考问题；在市场经济条件下，企业实行自主决策、自主经营、自负盈亏、自我约束、自我改造、自我发展，这大大强化了人们的自主和自立意识，同时也使高职生日益具有独立思考的要求和意识，不再简单地接受社会和他人的某些观点和思想；市场经济把人才看作最重要的资源，这使高职生更加重视综合素质和创新能力的培养；在市场经济中，经营主体在经营和人身上是自由的，这使高职生越来越关注自己在政治生活、思想意识等方面的自由和权利。高职院校的培养目标是要求学生成人成才，以就业为导向、服务技术发展的高职生更需要良好的职业素养和社会公德。总体来说，社会主义市场经济对高职生思想成长的影响，主导方面是积极的。

根据高职院校的社会主义核心价值观教育内容和现状调查，笔者紧接着进行了影响社会主义核心价值观教育的因素调查，笔者从以下四个方面进行了分析：

1. 社会主义核心价值观教育的内部、外部环境影响

这里把高职院校校园内部称为内部环境，校园以外的称为外部环境。内部环境和外部环境相互作用、相互促进，内部环境对高职生社会主义核心价值观教育既要保持理论教育的先进性，又要阻止外部环境不良社会因素的侵蚀。高职生社会主义核心价值观教育实效性需要内部环境和外部环境的共同作用才能提高。在外部环境建设中高职生对社会主义核心价值观教育的接受更多的是依靠外部行为的影响，如我国传统文化的影响和一些社会因素的作用。这里，笔者设计了几道题目，但是调查的数据显示内部环境尤其是校园文化建设对高职生社会主义核心价值观教育的影响很大，我国传统优秀文化和思想对当今的社会主义核心价值观教育实效性的影响也至关重要。

在调查中有86%的学生认为校园文化环境对学生社会主义核心价值观教育影响很大，10.67%的学生认为不重要，3.33%的学生认为无影响。74.67%的学生认为高职生思想政治教育受社会影响大，25.33%的学生认为影响不大，由此可见社会主义核心价值观教育实效性受内外环境影响较大。在问及我国传统的思想政治教育方式是否对高职生的社会主义核心价值观教育有影响时，53.67%的学生认为影响大，43%的学生认为影响不大，3.33%

的学生认为没有影响。由此可见，高职生社会主义核心价值观教育受传统文化的影响很大，在社会主义核心价值观教育中需要重视这方面的影响。

2. 社会主义核心价值观教育传授途径

社会主义核心价值观教育实效性，需要多渠道、多途径的传播和输送，需要利用现代信息资源，如校园网站、多媒体资源等，让学生在课堂内和课堂外、校内和校外等无时间限制地学习。这里设计了几道题目，在问及学生从哪些形式获得关于社会主义核心价值观理论知识时，43.67%的学生是听学校老师讲过，27.6%的学生是利用媒体了解的，19.73%的学生是通过书本了解的，9%的学生是参加相关活动了解的。这说明社会主义核心价值观教育的传播途径还有待拓展，多媒体资源的传播需加强。在问及通过哪种形式的教育对社会主义核心价值观教育了解更深入时，45.33%的学生认为是学校课程教育，12.67%的学生认为是社会媒体，15.67%的学生认为是课余活动，15.33%的学生认为是书本知识，9.67%的学生认为是社会实践，1.33%的学生认为是自己感兴趣。既然很多学生认为课堂教育重要，那么我们学校老师的教学质量就显得非常重要。在调查时发现有41.33%的学生认为教师照本宣科，36.67%的学生认为教师授课方式单一，引不起学生兴趣，22%的学生认为上课没有积极性。由此可见社会主义核心价值观教育的宣传和传播途径尤为重要，作为理论传播的教育者责任重大。

3. 社会主义核心价值观教育的主客体因素

社会主义核心价值观教育的传授者和接受者在社会中如何践行、实效性如何对社会主义核心价值观教育诠释非常重要。所以社会主义核心价值观教育的传授者必须讲究方式和具有一定理论水平和科学的传授方法。这里的传授者包括高职院校的老师、学生父母及社会其他群体等。在问及影响高职生道德素质形成的因素是什么时，33.33%的学生认为是父母，4.67%的学生认为是社会楷模，32.67%的学生认为是社会环境，16.67%的学生认为是老师，12.66%的学生认为是同学、朋友等。在问及高校思想政治教育工作者自身素质是否对高职生社会主义核心价值观教育的实效性产生影响时，60%的学生认为很大，36.33%的学生认为不大，3.67%的学生认为没有影响。由此可见相当一部分的学生还是很重视理论传输者自身知识水平的。作为社会主义核心价值观教育的接受者应该做什么，笔者在调查问卷中设计了一道问题：如何贯彻社会主义核心价值观，作为高职生有31.67%的学生认为学生的天职是学习，学习是第一要务；37.33%的学生认为应统一执行，践行社会主义核心价值观教育很重要；29.33%的学生认为大家一起努力很重要；1.67%的学生认为与自己无关。在问及上高职院校的因素时，59.33%的学生是为了学技术，29.67%的学生是为了尽快就业，11%的学生是为了挣钱。由此可见学生选择高职院校相对来讲是比较理性的，作为社会主义核心价值观教育的理论接受者更关注自身技术的学习。但将来的职业发展需要社会主义核心价值观的正确指导，那就需要学好社会主义核心价值观教育理论。

4. 社会主义核心价值观教育的制度保证

制度是一套支配特定的活动方式和相互关系的行为准则。它的本质内涵不过是两项：规则和习惯。规则就是正式约束，如成文的法律或条例等。在正式规则没有定义的地方，习惯——非正式规则，起着规范人们相互间关系的作用。习惯受到文化和以前所积累的经验的影响。规则和习惯是互相补充、相辅相成的。社会主义核心价值观教育实效性需要正式制度的保障，更需要一种学习的习惯、需要一种奉献的精神。在问及目前培养高职生的创新精神的限制性因素是哪些时，44%的学生认为是教育制度和教育方式的缺陷，22.67%的学生认为是国家的政策力度不够，14.67%的学生认为是自身技能的限制，18.66%的学生认为是社会和老师提供的指导不够。这些从一个方面说明制度建设是社会主义核心价值观教育的重要保障。当问及在校学生是否有必要把社会主义核心价值体系教育作为一项团支部与党支部必须开展的活动时，44%的学生认为很有必要，38%的学生认为有必要，7.67%的学生认为没有必要，10.33%的学生认为无所谓。

高职生的培养是我国职业教育人才培养的重要途径，他们的思想素质直接影响到国家经济发展和长治久安。当代高职生处在社会的全面转型期，在多元价值观的融合渗透下，加强高职生社会主义核心价值观教育，并提高其时效性需要我们全体师生的共同努力。

三、高职院校社会主义核心价值观教育路径

社会主义核心价值观是反映社会主义基本的、长期的价值追求，是指那些在社会主义价值观体系中居统治地位、起指导作用、从深层次科学回答“什么是社会主义”或社会主义本质属性的价值理念。它是在社会主义革命和建设历程中用无数先辈的鲜血和沉痛的历史教训换来的被历史证明是正确的价值观，是对社会主义革命和建设经验教训的高度总结。它为社会主义的建设指明了方向，从更深层次影响着社会主义的伟大进程。高职院校进行社会主义核心价值观教育是高职院校为国家培养技能型和应用型人才的必备途径，是融入高职生思想政治教育全过程的重要方法。高职院校加强社会主义核心价值观教育实效性是高职院校发展长久不衰的动力。

高职生比本科生面临的社会诱惑更大，也更容易受社会不良风气的影响。享乐主义代替了对“理想、信念”的追求，利己主义导致人与人之间关系冷漠，拜金主义让人丧失人的价值追求，扭曲的价值观让人迷失方向。所以，加强对高职生社会主义核心价值观教育，就是要用马克思主义指导思想来引领各种社会思潮；用中国特色社会主义共同理想为高职生指引方向；用民族精神和时代精神来激励高职生，丰富他们的精神世界。

（一）加强高职院校院形象宣传，体现社会主义核心价值观教育实效性

高职生社会主义核心价值观教育要体现在新生入学前的学前教育，高职院校要通过多种途径宣扬社会主义核心价值观教育，让即将升入大学的学生对高职院校的社会主义核心价值观教育有大概的了解，让他们对高职院校的生活有所向往和期盼。为此，高职院校可以通过自己学校的网页宣传本校的社会主义核心价值观教育理念，展示社会主义核心价值观教育的实效性。如常州机电职业技术学院对舍己救人的英雄耿高鹏的宣传，以及学院为提升学生素质的《常州机电职业技术学院学生素质拓展积分实施办法（实行）》等社会主义核心价值观教育实效性的成果展示。同时学院可以展示在社会主义

核心价值观教育过程中学院取得的教学成果和课程改革的设置。如常州机电职业技术学院根据高职院校学生特点，把创新创业教育纳入人才培养方案中，在教学计划中，创新创业教育作为公共必修课，共开设20个课时，其中课内16课时，课外讲座4课时。创新创业教育分三阶段实施。大学一年级开设“生涯引航扬帆职场”课，大学二年级开设“就业起航创业腾飞”课，大学三年级开设“员工意识职业素质”课，共设计“自我盘点，我了解自己吗”“直面人生，你的创业之路在哪”“纵横职场，你剑指何方”等15个创新创业教育任务。这些课程的设置是社会主义核心价值观教育实效性展示的教学成果。

（二）强化高职院校社会主义核心价值观教育的入学教育

新生入学对大学校园生活充满期望，憧憬和规划着自己未来可能的高职生活，这个时候对高职生的教育具有先入为主的时间优势，让高职生在无形中接受社会主义核心价值观教育，从而更好为即将开始的高职生活做好思想政治教育，拥有一个健康的高职生活。

在新生入学教育时注重社会主义核心价值观的理论指导和行为实践。

从校园基础建设、学院学生管理制度、学院学生组织机构等方面入手，让新生在入校同时感受到社会主义核心价值观在时间和空间上都时刻存在。

充分发挥学院的“三育人”即“教书育人、管理育人、服务育人”的教育理念。强调教师既要教书，又要育人。不仅要讲怎样培养人的问题，更要讲培养什么人、为谁培养人的问题。

从上到下，从在校师生到学生公寓管理人员，从学习到生活，从教室到食堂、宿舍，从课堂到课外等处处体现社会主义核心价值观教育的实效性，即学院所有人员用实际行动在新生入学时做到率先垂范、言传身教、以理服人。

学院领导要走进学生宿舍、走进学生食堂，教师和辅导员、班主任要深入学生中和学生进行心与心的交流，了解新生思想变动和新生的各项需求，宿舍管理人员和保安等直接关系着学生生活方面的管理人员要热情服务、耐心服务，让学生有“家”的感觉。学生干部要做好新生接待工作和学生家长的后勤服务工作，加深学生家长和学生对学院的第一印象。

（三）做好高职院校入学后全程化、全员化的社会主义核心价值观教育

高职生的社会主义核心价值观教育不仅要体现在入学前和入学开始的教育和宣传，更多的是保证高职院校社会主义核心价值观教育的多样性。不仅注重学校的思想政治教育，更要注重社会主义核心价值观教育与专业教育的相结合；不仅关注高职院校的学生管理者和思想政治教师的作用，更要调动全员师生的辐射作用，推动社会主义核心价值观教育的全员化参与；不仅重视社会主义核心价值观的理论教育，更要落实社会主义核心价值观教育的实效性。

1. 完善学生思想政治课程的设置，注重社会主义核心价值观教育的理论灌输

社会主义核心价值观教育是每时每刻都存在的，社会主义核心价值观教育在高职院校的成功教育能够为我国提供高素质、高素养和技能强的大量服务于机械制造业的人才。高职生不仅要技能好更要素养好，因此，高职院校社会主义核心价值观教育的理论指导便处于一个重要地位。

目前，高职院校都有两课的设置，很多院校没有马克思主义基本原理的课程设置。笔者认为在一定程度上弱化了高职生对社会主义核心价值观教育，马克思主义基本原理是更好进行社会主义核心价值观教育的重要途径，是提高学生思想政治教育的重要手段，所以高职院校应该重新设置马克思主义基本原理的相关课程。在高职院校现有的两课教育中，师资力量比较薄弱，有些思想政治课教师的学历较低，很多是别的专业教师转为思政教师，这样的思政教师的理论知识匮乏，导致学生对思想政治的学习兴趣降低；课程设置不合理，如有一些院校把两课的学习时间安排在非正常授课期间，忽略其课程地位；学生对思想政治课的学习不感兴趣，上课不认真听，不认真完成作业等现象，严重影响着高职院校社会主义核心价值观教育的实施。针对这些现象，高职院校的思想政治教育工作不能再囿于原有的方法，要进行课程多

样性和教学方法多样性，让学生能在实践中领会社会主义核心价值观教育的内容。《中共中央关于建构社会主义和谐社会若干重大问题的决定》就特别强调，在坚持以社会主义核心价值体系引领社会思潮的同时，我们必须尊重差异、包容多样，最大限度地形成社会共识。

2. 加强有利于高职院校社会主义核心价值观教育的校园文化建设

因高职院校和本科院校的人才培养目标的不同，高职院校在很多方面和本科院校学生在校生活也不一样，造成两者的校园文化也不尽相同。高职院校培养的是社会的一线技能人才，这就要求高职院校更多的是培养一种准职业人，要求学生在校期间联系社会更为紧密，在高职院校沉淀自己的校园文化，促进社会主义核心价值观教育的作用就更为突出。

高职院校可以充分发扬高职生的精神文化、行为文化和制度文化，应特别注意发挥校园文化活动的舆论引导功能、辐射功能，让社会主义核心价值观教育成为校园文化活动的主旋律，在校期间更多的是社会主义核心价值观教育的实效性落实，学生走进企业、走进社区等能够用自身现有的知识和能力服务社会，接近社会。与此同时，用板报、条幅、宣传栏等载体宣传社会主义核心价值观；用校园广播站和校园网设置相关栏目来弘扬主旋律；用演讲、诗朗诵、知识竞赛等形式来大力宣扬社会主义核心价值观。

3. 强化有利于高职院校的社会主义核心价值观教育的制度落实

高职院校对学生的动手能力和应用能力要求较高，而理论接受的时间比较短，再加上学生入学成绩的偏低和基本素养整体不高，使得高职院校的社会主义核心价值观理论教育有些困难，但高职院校有较多的实训和实习时间，有着和本科院校一样的寒假和暑假，有着和本科学生一样的理想和对前途的追求。为此，高职院校要根据高职生这些特点有针对性地加强高职院校的社会主义核心价值观教育的制度保障。

高职院校社会主义核心价值观的教育不但要注重理论的灌输，更重要的是要落实社会主义核心价值观教育的制度保障。在理论灌输方面，学院有严格的教学制度保障社会主义核心价值观教育的实施，并且能够做到多样化的教学方法相结合，采用受学生欢迎的多样化的教学方法来吸引学生。在学生活动方面，要组织学生在在校期间到企业走访、与成功人士对话等进行专业教育和参访革命烈士陵园、博物馆等进行爱国主义教育宣传，同时用寒暑假深入工厂、企业、农村进行社会调查和社会实践，有计划、有步骤、有组织地开展一些社会实践活动，让学生开阔视野，了解国情，增强对社会主义核心价值观的深入理解，可以使他们在与社会的接触中不断增加对社会的了解，从而认识自我，找到个人与社会的结合点，逐步实现社会化；又可以使他们学到社会规范和公共道德准则，增强劳动观念，掌握劳动技能，锻炼意志品质，培养吃苦精神和节俭意识，提高对社会的适应能力，在此基础上促进高职生核心价值观的形成。在社会实践的内容安排上，应充分考虑青年人的特点，发挥其主体性和主动性，选择适当的时机和恰当的形式来达到预期效果，同时社会实践活动要成为学生培养评估的重要参考因素。高职院校要把这些有利于高职生的社会主义核心价值观教育的行为实践进行制度化、长期化、规范化，有必要时可以把学生的社会主义核心价值观教育的实效性纳入高职生是否能够毕业的条件之一，如常州机电职业技术学院实施的《常州机电职业技术学院学生素质拓展积分实施办法（实行)》很好地从制度层面保障了学生对社会主义核心价值观的教育。

4. 高职院校社会主义核心价值观教育要依托专业，合理规划

在很多高校普遍存在一种误区即学生社会主义核心价值观教育是学生管理工作者的任务，专职教师并不承担，高职院校也是如此。高职院校学生的入学条件本身就比本科院校低，在很多方面影响着高职院校的管理。社会主义核心价值观教育不仅是思想政治理论教师的责任，同时也是专业课教师教学内容的组成部分。高职院校在进行专业教学强调专业基础理论、专业技能、实习实训的同时，还要在专业教学当中渗透社会主义核心价值观教育。一方面，要教育学生掌握专业技能是为实现社会主义共同理想而贡献力量；另一方面，要教育学生将来走向工作岗位一定要树立社会主义远大理想，遵守社会主义法制，遵守社会主义市场经济秩序，在经济利益面前，在大是大非面前，一定要保持清楚的头脑，要用社会主义核心价值观作为判断是非的标准。

为此，高职院校开设学生思想政治教育课的同时更要让学生紧密联系实际。高职院校对社会主义核心价值观教育要做到长期规划、指导，实现高职生在校期间的社会主义核心价值教育的全程化、全员化。

（四）毕业后的社会主义核心价值观教育的再教育影响

社会主义核心价值观教育贯穿于一个人的整个生命，高职生从在校期间的学习到毕业后走上工作岗位，对社会主义核心价值观的教育更多的是由理论学习到实效性的落实。对社会主义核心价值观的学习更多的是体现到社会工作中去，在自己的工作岗位要兢兢业业，要有社会的责任意识，要有开拓进取、敢于创新的精神，要有坚定的政治立场和社会主义价值观。高职生要在自己的工作岗位上切实落实社会主义核心价值观教育，加强社会主义核心价值观教育的实效性。

总之，社会主义核心价值观教育对高职生思想政治教育有着重要指导作用，有助于增强高职生思想政治教育的实效性，如何做到高职院校社会主义核心价值观教育的理论指导和制度保障并把这种理论指导和保障贯穿于高职生入学前后是高职院校社会主义核心价值观教育的重中之重。

四、社会主义核心价值观融入高职院校校园文化建设

社会主义核心价值观在高职院校发展中起着引领作用，对高职生思想政治教育、高职生的职业素养和社会责任感培养都具有重要作用。高职院校校园文化融入社会主义核心价值观是高职院校发展的必然，对高职院校校园文化建设有重要指引作用。

当今时代，文化越来越成为民族凝聚力和创造力的重要源泉。高校承担着国家人才培养和思想政治教育的双重使命。高职院校偏重于应用型、技术型等复合人才培养的同时，更要重视高职生的思想道德素质教育和职业素养提升，为国家培养一流的高职人才已成为高职院校思想政治工作的一项重要任务。把社会主义核心价值观融入高职院校校园文化建设，必须了解高职院校校园文化和高职生思想政治教育的关系，明晰社会主义核心价值观融入高

职院校校园文化建设的意义和作用，分析目前高职院校校园文化建设价值的缺失，探析社会主义核心价值观融入高职院校校园文化建设的途径和方法，进一步提高高职生思想政治教育的实效性。

（一）校园文化与思想政治教育

中共中央、国务院《关于进一步加强和改进大学生思想政治教育的意见》明确指出："校园文化具有重要的育人功能。"教育部、共青团中央《关于加强和改进高等学校校园文化建设的意见》也指出："高等学校校园文化是先进文化的重要组成部分。加强校园文化建设对于推进高等教育改革发展、加强和改进大学生思想政治教育、全面提高大学生综合素质，具有十分重要的意义。"我国高等教育实践也表明，重视高校校园文化建设充分发挥其育人功能，是加强和改进高职生思想政治教育的一个重要举措。

（二）社会主义核心价值体系融入高职院校校园文化建设的意义

在一个社会的价值观中处于核心地位，并起主导和统领作用的就是其核心价值体系。它是社会文化的精神脊梁和本质所在，具有政治引导与思想统率作用。高职院校有其独有的文化特征那就是：一方面融入更多的企业文化，企业文化是百花齐放，多种多样，但其目的是追求利益最大化；另一方面是由于高职生入学成绩的差异造就高职生素养普遍较低，难以形成类似于本科院校应有的文化氛围，即高职院校文化建设多样性但是没有文化合力的形成。此时把社会主义核心价值观融入高职院校校园文化中有利于高职生树立正确的价值标准和价值取向，有利于师生员工形成共同的价值观念、思想道德和行为取向。

1. 有利于高职院校思想政治教育

当前，我国正处在社会转型时期，经济体制变革、社会结构变动、利益格局调整、思想观念转变，经济、政治和思想文化领域都出现了一系列的新情况、新问题。同时，处在这个时期的高职生因价值观念和追求的日益多元化、多样化，也给许多不良思想提供了可乘之机。如果没有核心的价值观指引，高职生的人生定位可能会出现严重后果，这些从现有的高职生重技能轻思想政治教育、重眼前利益轻长远规划、重物质轻理想等现象已经表露出来。为此，高职院校应把社会主义核心价值观作为重要方针，指导高职院校思想政治教育的实践。高职院校作为培养和造就中国特色社会主义事业建设者和接班人的地方，需要技术强、创新精神强、有良好职业精神和职业素养的员工，这就要求高职院校必须坚持用社会主义核心价值观来指导自身建设，特别是用来指导高职生的思想政治教育工作，并把社会主义核心价值观融入高职院校思想政治教育的全过程，以此来提高高职生的思想政治素质，引导高职院校高职生健康地成长。

2. 有利于高职院校校园文化功能体现

高职院校的发展不仅依赖于硬实力即校园物质建设，而且还与软实力即校园文化建设不可分离，其在培养人、塑造人的过程中具有不可忽视的重要功能。高职院校发展与企业发展生生相息，企业文化需要高职院校校园文化建设，高职院校校园文化建设功能既要满足学生教育时代的功能教育又要满足企业发展的功能需求，因此高职院校校园文化建设功能必须体现导向功能、激励功能、调试功能、约束功能、凝聚功能、辐射功能。社会主义核心价值观精神因素、信念因素、传统因素、道德风尚等，作为一种文化氛围弥漫在高职院校，对校园极具感染力和内驱力。在高职院校的校企合作、实训过程和学生生活中，社会主义核心价值观衡量着每一个行为主体在奉献社会和自我发展两方面的均衡度和绝对价值，支撑和维护学生、教师等不同群体的利益，协调不同校园角色之间的关系，从而使学校文化和大学精神共存、共同发展，营造和谐的文化氛围，保证社会主义正确方向，在高职院校建设中突出重点、抓住根本，让每一个高职生都具有时代的创新精神。

3. 有利于培养高素质人才

高职院校担负着国家技术应用人才培养的重任，担负着培养技术强、具有创新精神的高素养员工培养的使命，这是社会主义核心价值观中以爱国主义为核心的民族精神和以改革创新为核心的时代精神的重要体现。培养什么人，如何培养，是我国教育事业发展中必须解决好的根本问题。国以才治，业以才兴。人才问题是关系党和国家事业发展的关键问题，人才工作在党和国家工作全局中具有十分重要的地位。当今世界，高素质人才应是德才兼备全面发展的人才。高职院校建设坚定不移地把培养一流的职员、一流的制造人才作为根本任务。将社会主义核心价值观融入高职院校校园文化建设，正是为了引导高职院校建立适合人才全面发展和健康成长的和谐人文环境，有利于培养高素质人才。

4. 有利于高职院校服务育人

在“三育人”体系中，高职院校更要重视服务育人的作用。高职院校要服务好本校学生、服务好地方经济、服务好地方企业、服务好地方人民、协助好地方政府。如何服务？怎样服务？要靠社会主义核心价值观的正确指引，使高职院校服务对象最大化、服务效果最佳化、服务内容多样化，把服务过程形成制度化、长期化。将社会主义核心价值观的教育与解决学生成长中出现的问题和困难结合起来，把地方经济发展和当前实际发展困难联系起来，把服务对象和服务内容综合起来，形成社会主义核心价值观教育的合力和感染力。

（三）高职院校校园文化建设价值缺失

高校校园文化建设虽然在丰富高职生课余文化生活，在提高他们的文化素养和道德水平等方面取得了一些成绩，但当前社会结构的深刻变动、生活方式的深刻变化和思想文化的深刻激荡都给当代高职生的价值观念和思想活动带来了影响，部分高职生产生疑惑、误解，甚至迷失方向。高校校园文化建设中也逐步暴露出一些问题，出现一些“校园反文化现象”。在对国家骨干院校建设单位之一的常州机电职业技术学院进行高职院校校园文化建设现状调查时，发现高职院校在校园文化建设方面虽然取得一些成就但是存在问题也很突出，具体如下：

1. 高职院校校园文化建设缺乏特色定位

从调查问卷中发现高职院校学生对学院的整体文化建设比较认同，但是没有形成学院特色品牌定位，高职院校校园文化建设与普通本科院校一味趋同，忽略已知的学生素质和学院的实践育人的特点。常州机电职业技术学院在对学生问卷调查时发现学生对学院认同感不强，认为缺乏人文气息和校企文化结合的文化建设内容。如在进行学院物质文化建设方面的调查时，认为校园物质文化建设一般的学生占到 50.9%，显然对学院的物质建设认同感欠缺。

2. 物质文化建设过于单调，教学资源有待整合

物质文化建设是高职院校校园文化建设的基础，机构合理、资源配置优胜的物质文化建设是高职院校校园文化建设的重要支柱。校园建筑布置缺乏人文气息，一些绿化设施不够完善，学生学习氛围应是充满学院的各个角落，但现有的布局不具备这些条件。图书馆是学生吸纳新知识的重要场所，图书馆的借书量和日常浏览人数是衡量学院学生学习的重要标志，但在调查过程中有 54.1% 的学生认为图书资源不突出和 30.6% 的学生认为图书资源太少，74.3% 的学生认为教学资源一般。这些现象都说明高职院校物质文化建设是高职院校校园文化建设基础，如果物质资源没有得到合理地优化组合在高职院校校园文化建设中就很难得到学生认同。

3. 精神文化建设中目标培养有待重新定位

在高职院校建设中精神文化建设是核心，直接关系到行为文化的体现。在问卷调查中，通过行为文化体现可以看出学生对老师的要求很高，然而调查结果显示学生对老师的职业道德要求的满意度还不到 50%，只有 48.1%，这就给我们老师敲响了警钟。与此同时学生的职业素养提高更离不开学院精神文化培养。在精神文化建设调查中发现学生参与校园活动的热情很高，对活动内容要求也很高，有 20% 的学生认为参加校园活动是为了完成上面交给的任务，50% 的学生都有参加过社团的经历，这是积极向上的精神文化。优秀文化活动还要加强宣传，社团的形式和内容都要更加多样化和丰富化，在行为文化体现过程中力争表现更好。

4. 高职院校制度文化建设不能完全适应高等职业教育总体快速发展的需求

高校管理类型分为两种：一是以科研型为主的管理模式，二是以管理型

为主的管理模式。但是高职院校很多都是由以前的专科改制而来，对学术的要求不如本科院校那么高，同样师资力量相对较落后，高职院校校园文化建设又必须与经济发展相适应，这就要求高职院校制度文化建设必须管理与学术兼备，但现实情况并非如此。具体表现在：一是与原有长期形成的办学传统有割不断的联系，中专原有的单一、封闭、硬性的管理模式和制度文化在新的情况下依旧在延续；二是发展中竞争的压力使新生的高职院校激情起航，无暇深思熟虑，新的制度建设缺乏全面长远的谋划，而且在高等教育趋同化发展倾向的影响下，不同程度落入应时临摹普通高校管理模式的窠臼，生长了盲目追求“升本”倾向；三是缺乏高等教育应有的文化背景和内涵，即使是新制度，也仅是形似而非神似，缺乏校园文化活的灵魂；四是高等职业教育是全新的领域，缺乏办学的积累和经验等。

5. 高职院校校园文化建设外延文化和内延文化建设未能形成良性循环

高职院校物质文化建设促进精神文化和制度文化的顺利实施，行为文化检验顺利实施的结果如何，反过来讲，精神文化和制度文化能维护和促进物质文化建设的周期，但是从调查结果显示在行为文化体现中整体体现较好。总之，高职院校校园文化建设中外延文化和内延文化建设目前并没有形成很好的良性互动。

（四）社会主义核心价值观融入高职院校校园文化的途径与方法

高校校园文化既是学校全面发展的基础条件和丰厚土壤，又是学校实现腾飞的平台和支点。为了充分发挥高校校园文化的各种功能，根据高职院校当前存在的问题，积极探索与尝试社会主义核心价值观有效融入高职院校校园文化建设的途径与方法，使得高职院校校园文化建设在社会主义核心价值体系的指导下成为高职生思想政治教育更为有效的载体。

1. 用社会主义核心价值观引领校园文化建设

高职院校必须大力加强理论武装，把社会主义核心价值观作为思想政治教育的重要内容，引导高职生树立正确的世界观、人生观和价值观。高职院校要做到：第一，夯实思想基础，为建设高职院校校园文化提供思想指引。第二，坚定共同理想，为建设高职院校校园文化提供目标指引。第三，弘扬时代旋律，为建设高职院校校园文化提供动力指引。当前，形形色色的社会思潮和不良的社会现象冲击着大学校园，意识形态领域的复杂多变也在影响着高职生，这些都扰乱了他们的共产主义政治信仰和正确的价值观念。因此，高职院校的思想政治教育工作必须以社会主义核心价值观为重要内容。高职院校只有全面加强高职生思想政治教育工作，才能逐步完善社会主义核心价值观引领下的高职校园文化建设。

2. 占领高职院校校园文化建设主阵地，形成社会主义核心价值观教育合力

高职院校在学生思想政治教育过程中学习社会主义核心价值观，首先，应该抓住在校可以利用的一切有利于社会主义核心价值观教育的平台，如第一课堂、第二课堂的主阵地外，关注学生的实践或实训（企业锻炼）阵地、社团活动阵地、学校宣传途径阵地（如报刊、网络等）等。利用学校的物质文化建设、精神文化建设、制度文化建设、行为文化体现平台，让这些文化形成具有适合高职院校校园建设的合力，使社会主义核心价值观教育起到最大化效果。为此，高职院校要做到：第一，高职院校要坚持育人为本、德育为先的原则，把立德树人作为教育的根本任务，努力培养德智体美全面发展的社会主义事业的建设者和接班人。第二，高职院校要坚持以学生为本，不断激发高职生的创新精神和实践能力。第三，高职院校要开展创建和谐校园活动，加强人文关怀和心理疏导，促进高职生心理和谐，激励和培育高职生崇尚科学、追求真理、努力学习、奉献祖国的精神，使其自觉养成遵守法律法规和校规校纪的良好习惯。

3. 完善高职院校社会主义核心价值观教育的软实力和硬实力

这里的软实力是指非制度性的、经过长期积累的、具有影响力的有利于社会主义核心价值观教育的内容，这些内容的建设和发展是以社会主义核心价值观教育为引领的，如高职院校的发展理念、学术文化、创新能力培养、学风建设、师资建设、网络文化建设等。这些内容的形成都需要较长时间，

高职院校的社会主义核心价值观教育不仅需要这些软实力的“内涵式”发展，更需有制度保障的硬实力作为支撑，保障社会主义核心价值观教育在高职院校的顺利实施。硬实力指教学制度、学生管理制度等，高职院校一定要有严格的高职院校思想政治教育的课程安排，不能只注重于实践和就业，同时专业课程的设置要与社会主义核心价值观相结合。

把社会主义核心价值观教育融入高职院校校园文化的途径和方法固然很多，但它是一个动态过程，随着时代发展，方法和途径也在不断改进更新，要把社会主义核心价值观教育沉淀下来，形成高职院校校园文化建设的内在的东西是社会主义核心价值观教育融入的最终目的。高职院校校园文化融入社会主义核心价值观教育有利于和谐高职院校的建设，更有利于社会的和谐发展，把社会主义核心价值观融入高职院校校园是一种必然，但更要注重实效。

五、社会主义核心价值观引领高职生创新创业教育

在高校开展高职生创新创业教育，鼓励高职生自主创业，培养高职生的创新意识，是我国高职院校扩招背景下高等教育实践科学发展策略的要求。随着高职院校办学规模不断壮大，高等职业教育水平不断提高，高职生创新创业教育现已成为高职院校重点教学内容之一。目前，高职生面临入学成绩差异大、入学专业种类多、入学目的不一等现象，这种现象易造成高职生创业价值观理想信念缺失、职业素养低下、道德底线下降、社会责任感缺失等问题。社会主义核心价值观从不同层面对国家、个人、公民提出了价值目标。要从建设社会主义现代化国家的战略性高度，以参与全球化竞争的创新创业教育理念，以发展个人兴趣特长促进人的全面发展的人本视角，指导具体的创新创业教育改革活动，最终促进高职生人才素质和国家核心竞争力的提升。为此，有必要将社会主义核心价值观作为高职生创新创业教育的精神指引，将社会主义核心价值观融入高职生创新创业教育全过程，研究二者的契合点，让其高度融合才能培养出具有社会主义核心价值观要求的创业者。

（一）社会主义核心价值观引领高职生创新创业教育的意义

1. 符合矛盾的普遍性与特殊性原理

高职生创新创业教育和创业实践会伴随创业思想不稳定、心理素质不够强等问题，需要社会主义核心价值观的普遍引领和道德修养提升，尤其是加强高职生意识层面正确引导，使高职生在面对创业中遇到的问题时能用科学的方法进行分析。

2. 有利于培养高素质的创业型人才

高校创新创业教育是培育高职生树立正确创业价值观的重要路径。培养高职生的创业意识，提高他们的创业技能，是高校落实创新创业教育与素质教育方针的重要体现，也是推动“以人为本”教育方式的体现，更是促进和谐社会稳定发展、减轻就业压力、创造就业机会的重要措施。高职院校主要为社会培养懂技术、精管理的技术技能型人才，创新创业教育是培育高职生树立正确价值观的主要途径，将社会主义核心价值观融入高职生创新创业教育能提高高职生的创业成功率，为社会培养遵纪守法、责任担当、爱国奉献的创业型人才。

3. 有利于高职院校稳定发展

高职院校稳定发展离不开社会主义核心价值观引领，社会主义核心价值观融入高职生创新创业教育，能端正高职生创业动机，减少高职生创业功利性和利己性。用社会主义核心价值观融入高职生创新创业教育能提高高职生创业意识，提高创业技能，也是落实高职院校创新创业教育与素质教育的重要体现，更是以人为本发展的重要体现。

4. 有利于高职生全面发展

高职生创业符合马克思认为的只有人的全面发展，才有机会去创造更大价值。高职生创业实现全面发展也是高职生本人的全面发展，高职生全面发展是共产主义社会的理想价值目标，高职生创新创业教育的人才培养是促进人的全面发展的重要途径，要以培养全面发展的合格人才为教育目标。

（二）社会主义核心价值观引领高职生创新创业教育存在的问题

1. 引领教育不明显，引领高职生创新创业教育深度不够

社会主义核心价值观教育引领高职生创新创业教育需要理论与实践相结合。目前高职院校社会主义核心价值观教育口号喊得响亮，却对社会主义核心价值观教育的途径和载体重视程度不够，理论教育方面没能充分运用思政课教育主阵地、学生素养课教育的平台，没能把马克思主义的意识形态融入高职生创新创业教育。用实际行动引领高职生创新创业教育不明显，未能很好地在高职生创新创业教育过程中用社会主义核心价值观指导和引领其创新创业教育。

2. 创业教师队伍不健全，社会主义核心价值观融入高职生创新创业教育不全面

高职生创新创业教育需要指导教师激发其主观创业能动性，指导教师队伍建设质量对高职生创业成功与否有着重要影响。指导教师的职业素养、创新能力、思想道德水平等潜移默化影响着高职生的创新创业教育。目前诸多高职院校没有创业指导教师，现有创业指导教师基本都是辅导员、管理人员、专业课教师等兼任；创业指导教师创业培训不够科学，有的只是讲几堂课、听几次报告等，未能进行系统的创新创业教育培训；创业指导教师在接受培训时不能很好地把社会主义核心价值观融入高职生创业中去。指导教师过于强调高职生为了创业而创业，未能把提高高职生创业信念、社会担当意识、法律法规教育等贯穿于高职生创新创业教育全过程。

3. 引领学生就业观不到位，造成高职生创业功利思想严重

以就业为导向的高职生人才培养容易使学生产生入学即就业的简单思想，从而使高职生在校期间认为学习不重要，及格万岁，混到毕业找个工作的错误想法。社会主义核心价值观引领高职生就业观教育并不明显，有的高职生认为找个工作能养活自己就行，什么社会担当、社会奉献、社会责任等与自己无关；有的认为毕业后自己创业做老板，但是，如何创业、如何做老板等

思考不够，想法过于简单；有的认为等毕业创业成功了要我行我素，满足自我炫耀，使自己人生地位得到极大提升，其他并不多想等。正是由于社会主义核心价值观引领高职生创新创业教育的欠缺导致了高职生的功利思想严重，对创新创业教育的正向引导不够。

4. 引领学生创业理想信念不够清晰，造成创业素养缺乏

社会主义核心价值观引领高职生创新创业教育重要环节之一便是树立高职生创业理想信念，使其拥有坚定的创业理想信念，才能有颗敢于担当、心理素质过硬、不怕失败、勇往直前，做大做强之后反哺社会、回报社会的心。社会主义核心价值观在引领其理想信念教育时未能很好地通过理论教育、实践检验，让社会主义核心价值观理念深入高职生创业理想中去，造成高职生职业规划模糊、创业理想不坚定，面对挫折心理素质不够强大，面对压力社会责任缺失，面对竞争诚信意识淡薄等缺少良好的创业素养。

（三）社会主义核心价值观引领高职生创新创业教育全过程

创新创业教育与社会主义核心价值观教育的有机融合能够促进高职生创新创业教育由功利性目标向非功利性战略目标的转移，切实推进高校创新创业教育的发展。用社会主义核心价值观引领高职生创新创业教育全过程，只有做到全方位引领，过程融入，实践指导高职生创新创业教育，高职生才能树立正确价值观。

1. 社会主义核心价值观引领高职生创新创业教育时间全覆盖

学生进入高职院校之前，用创新创业教育的正能量加大宣传，用具有社会影响力的创业案例加大宣传。校内由在学校教师通过理论教育和实践引导社会主义核心价值观融入高职生创新创业教育。毕业后学校跟踪辅助高职生创新创业教育，用社会正能量引领高职生教育，邀请具有信誉好、有责任担当的创业者到学校交流，进一步帮带在校学生创业。形成高职生入学前、入学后、毕业后的闭环影响，让社会主义核心价值观完全融入高职生创新创业教育全过程。

2. 社会主义核心价值观引领高职生创新创业教育空间全覆盖

社会主义核心价值观融入创新创业课堂教育、专业课教学、选修课教学等。用社会主义核心价值观融入课堂教学过程中，通过引领课堂教学深化创新创业教育的价值观确立。社会主义核心价值观引领课外实践教学、创业实践、创业模拟、创业孵化等，引领专业社团建设、文体社团、顶岗实习等，用社会主义核心价值观引领高职生创新创业教育全过程。

3. 社会主义核心价值观引领高职生创新创业教育内容全覆盖

线下与线上相结合。线下主要指全校师生的教育，重点是思政课教育的教师（公共素养课）和创业指导教师的现场教育教学和引领高职生的创业过程；举办创新创业教育大讲堂，把社会主义核心价值观理念灌输到高职生创业的内心深处；引领高职生走访、参观、感受创业成功者的创业基地，用实际行动证明社会主义核心价值观在高职生创业过程中的重要性。学生进入高职院校后从入学教育的第一课进行创新创业教育宣传，用社会主义核心价值观引领创新创业教育；大一学期课程主要用社会主义核心价值观引领高职生思想政治教育课、职业规划课、职业素养课、公共艺术课、创新创业教育基础课程教学等；大二引领高职生模拟创业全过程，尤其是创业政策、法规等教育，同时用社会主义核心价值观引领高职生创新创业教育模拟实训课、专业教育的理论与实验实训课等教学；大三用社会主义核心价值观引领高职生的创新创业教育课、顶岗实习课、创业模拟实践课等教学。线上主要指用创新创业教育的优秀案例、网上的思想政治教育课堂、职业素养课程等讲座引领高职生创业；社会主义核心价值观的网络教育潜移默化地影响高职生创业。

六、社会主义核心价值观对高职生创新创业教育影响的实践研究

笔者根据高职院校社会主义核心价值观融入创新创业教育开展情况，对高职生在创业过程中接受的社会主义核心价值观认识等内容，以常州科教城五所高职院校为样本，进行调研。针对大三学生发放 500 份调查问卷，收回问卷 500 份，有效问卷 486 份。根据数据分析，从社会主义核心价值观融入

高职生创新创业教育现状入手，分析存在的问题及原因，探索社会主义核心价值观融入高职生创新创业教育路径分析。

（一）个人创业想法和对社会主义核心价值观的认识情况的数据分析

调查的对象男生占71.9%，女生占28.1%。有创业想法的学生占61.8%，有过创业经历的学生占15.1%，正在创业的学生占4.5%。

在问及对社会主义核心价值观内容是否了解时，了解的学生占51.8%，不了解的学生占12%，不是很了解的学生占36.2%。这个数据很是令人担忧，我们在大力宣传社会主义核心价值观教育的当今，对社会主义核心价值观内容不了解的、不是很了解的比例过高，究其原因是我们的教育形式过于单一，让学生具体了解的手段还不够。

在问及创业社会导向动机时（排序题），选择创办公众认可的企业的学生占45.3%，选择为公众和社会创造财富的学生占34.2%，选择开发新技术或新产品的学生占20.5%。在问及个人导向时（排序题），选择改善个人和家庭生活质量的学生占49.2%，选择挣更多钱的学生占25.6%，选择争取更高社会地位的学生占11.6%，选择追求人生挑战的学生占13.6%。这两组数据分析可以看出放在第一位的是创办公众认可的企业和改善个人和家庭生活质量，具有正能量导向，在选择上有利于发展自己的同时也有助于社会发展。

（二）社会主义核心价值观对创新创业教育引领作用的数据分析

调查学校开展创新创业教育目的时发现（多选题），响应政府号召的占61.8%，培养高职生创业创新意识和精神的占82.4%，培养高职生创业能力的占74.4%，培养企业家的占30.2%，提升综合素养的占51.3%。在问及社会主义核心价值观对创新创业教育是否有帮助时，认为有帮助的学生占62.3%，不清楚的学生占21.1%，认为不利于的学生占16.6%。在问及社会主义核心价值观对创新创业教育哪些方面有帮助时（多选题），认为可以端正创业动机的学生占66.3%，认为可以寻找创业项目的学生占68.3%，认为可以树立创业的法制观念的学生占81.4%，认为可以提高社会责任感的学生占

64.8%。在创业过程中若发生利益冲突，追求个人利益的占学生16.6%，互帮互助的学生占45.2%，考虑社会和他人的学生占29.1%，说不清的学生占9.1%。在问及在创业过程中在外界不知情的情况下，为了自己的利益是否会违反法律时，认为会的学生占14.1%，认为不会的学生占79.4%，说不清楚的学生占6.5%。

以上数据看似矛盾，却很合理。高职生知道学校创新创业教育是为自己发展着想，社会主义核心价值观融入高职生创新创业教育是为了引导自己合法创业，为了奉献社会，但是，在面对违法利益时心存侥幸仍然选择会违法或者不清楚。在学校创新创业教育过程中接受过法律法规教育的学生占71.9%，没有接受过法律法规教育的学生占28.1%，从这个比例来看，在创新创业教育过程中的法律法规教育还需要继续加强。

（三）社会主义核心价值观融入学校创新创业教育的数据分析

在问及学生在校期间开展过哪些形式的创新创业教育时（多选题），开展创业课程学习的学生占58.3%，听过创业讲座的学生占58.3%，有创业实践的学生占51.3%，进行过SYB SGB等培训的学生占26.1%，参加创业竞赛的学生占6%。笔者走访发现五所高职院校都进行创业课程教育、创业讲座、创业培训、创业竞赛等，学生回答的问题显然随意，说明我们的创新创业教育不够深入，创业实践和培训不够全面，创业竞赛参与度偏低。

在问及学校进行创新创业教育使用的教材时（多选题），自编教材的学校占19.6%，使用高校通用教材的学校占42.2%，学校自编教材同时又使用高校通用教材的学校占26.6%，没有教材的学校占5.5%。在问及在创新创业教育过程中是否接受过社会主义核心价值观的引导时，回答有的学生占72.4%，没有的学生占14.1%，不了解的学生占13.5%。在问及创新创业教育课程成绩是如何评定时，考虑平时成绩+理论成绩+实践成绩的占44.7%，只考虑期末考试的占1%，考虑平时成绩+期末成绩的占7%，考虑平时成绩的占5.1%，考虑创业规划书或创业论文的占1%，不清楚的占3.5%。以上表明，社会主义核心价值观融入创新创业教育、融入教材的效果明显，教材多样化明显，考核方式多样化明显。在高职生创新创业教育过程需要继续深化适合自己校情的教材开发，进一步完善课程考核成绩手段。

（四）创新创业教育指导老师引导学生社会主义核心价值观教育的数据分析

在问及所在学校创新创业教育指导老师构成时（多选题），有专任教师的学校占73.4%，由辅导员任创新创业教育指导老师的学校占42.7%，由行政人员任创新创业教育指导老师的学校占18.6%，由专业课教师任创新创业教育指导老师的学校占34.2%，由社会兼职教师任创新创业教育指导老师的学校占14.6%。在问及指导教师在进行创新创业教育过程中要注意的内容时（排序题），注意把专业融入创新创业教育的教师占40.2%，注意通识创新创业教育内容的教师占23.1%，注意创业理论教育的教师占9.5%，注意创业案例教育的教师占8.5%，注意社会主义核心价值观内容的教师占18.7%。把职业道德、职业素养等方面融入创新创业教育过程的占78.9%，没有的占21.1%。

从这组数据可以看出，高职院校创新创业教育的指导教师对学生的影响很大，创新创业教育指导教师的构成多样，学生对专业创新创业教育兴趣较高，课程思想政治教育多途径融入了创新创业教育，这是社会主义核心价值观引导创新创业教育的效果。把社会主义核心价值观融入创新创业教育的比例不高和前面在创新创业教育过程中接受过社会主义核心价值观的引导的14.1%相对应，说明我们的社会主义核心价值观教育融入高职生创新创业教育的途径还有待加强。

七、社会主义核心价值观融入高职生创新创业教育路径

（一）做好社会主义核心价值观统领高职生创新创业教育的工作

加大宣传：政府在社会层面宣传社会主义核心价值观教育的同时，学校更要加大社会主义核心价值观在创新创业教育层面引领的宣传。在学生公寓、活动区、学生教学区等学校显著位置要张贴标语，在学生的教材、课程、活

动中融入社会主义核心价值观内容，让其渗透到创新创业教育的各个环节。在高职生创新创业教育案例教学中引用具有强烈社会责任感、使命感的创业者作为案例；创业课指导老师要有强烈的奉献意识和爱国情怀；在学生创新创业教育实践活动中融入社会主义核心价值观内容，并把其作为主要评判高职生创业成绩的指标等。让社会主义核心价值观引领高职生创业目标和创业过程，落实到创业结果中，真正通过宣传深入高职生创新创业教育中去。

价值观引领：面对部分高职生对社会主义核心价值观融入高职生创新创业教育中的作用认识不到位，有必要将社会主义核心价值观引入创新创业教育，通过引导，培育高职生的社会责任担当、法律意识，让个人创业目标与国家发展相融合，让个人奋斗过程与国家发展过程相融合，让个人利益与国家利益相融合。在融合过程中不断确立高职生的创业观、职业精神。在创业过程中才能以集体利益、国家利益为上，才能遵守法律、敬畏法律，才能坚定社会主义核心价值观所赋予的使命目标，在新时代背景下更加理性分析当前国家重点发展和社会高度需求的行业产业，寻找到适合自己的创业项目和发展渠道。

素质教育引领：高职生创新创业教育不仅要学习创业技能，更要学会创业者拥有的基本素质。良好的创业心态是创业的前提。创业的目的不能是仅仅为了获取个人满足感，在创业过程中不能为了创业利益侵害他人利益，不能违反法律。在创业过程中要树立社会责任感，用实际行动践行。面对创业过程中的失败要树立更好的心态，不能厌世，走极端，要有坚强的毅力和勇气。以社会主义核心价值观为引领，培养高职生坚强的意志品质、坚定的创业理想、顽强的抗挫能力、迎难而上的进取精神。

（二）完善社会主义核心价值观融入高职生创新创业教育保障

学校严谨的组织机构、完善的创业教师队伍、完备的创新创业教育平台等是促进社会主义核心价值观融入高职生创新创业教育的重要保障，其中组织机构是基础保障，教师队伍是核心力量，创新创业教育平台是辅助，三者共同为社会主义核心价值观融入高职生创新创业教育保驾护航。

建立有力的创新创业教育组织机构：根据学校实际情况，组建校领导挂帅的创新创业教育指导机构，下设各个二级部门的创新创业教育小组，成立创新创业教育课程团队。学校层面的创新创业教育组织机构负责上级部门政策落实，做好顶层设计，为把社会主义核心价值观融入创新创业教育做好指导工作，整合校内外资源多途径贯彻社会主义核心价值观的引领教育。二级部门根据学校创新创业教育领导小组设计，配合好学校教务部门做好课程安排、实践安排，充分调动广大教师积极参与。根据二级部门特色，多途径举办创业、竞赛等活动，培养高职生创业人才，在政策解读和实施方面给予高职生帮助和指导。创业课程团队要根据学校特色制定本土化的创业教材，将社会主义核心价值观融入教材、教案、课堂等，开展教学活动，并做好评估和反馈。在学校创新创业教育机构指导下，二级部门配合下，创业团队教师教育下，把社会主义核心价值观多途径融入高职生创新创业教育过程中。

建立高素质的专业创新创业教育老师和兼职教师队伍：社会主义核心价值观融入高职生创新创业教育需要拥有一支高素质的教师队伍，教师队伍需要专兼结合的专业指导教师。创新创业教育的专业指导教师可以由校内的教师担任，校内教师由受过一定创新创业教育培训，拥有创新创业教育指导能力的老师组成。兼职教师由政府、企业、社会、培训机构等人员组成，兼职教师一定要由具备良好的社会职业道德和社会公德，了解国家创新创业教育政策和法规，具有创业经历和善于表达的人员组成。专任教师主要讲授创业教师的理论指导课，兼职教师主要指导学生实践课程和创业活动及创业竞赛等。专兼职教师队伍要进行社会主义核心价值观培训，尤其是兼职教师要严格筛选。教师队伍把社会主义核心价值观通过课堂讲学、实践活动、创业竞赛等途径，通过言传身教，案例引导，把社会主义核心价值观教育呈现在课堂上、落实在实践中、践行在创业过程中。

完善创新创业教育平台搭建：高职生创新创业教育主要是培养高职生的创业意识、创业能力、创业素质，用社会主义核心价值观融入高职生创新创业教育重点是提升高职生的创业素质。社会主义核心价值观从国家、社会、个人三个层面进行论述，故指导学生创新创业教育的平台也应是多种多样。

高职院校在学校内部搭建校级的创新创业教育平台和创新创业教育实习基地，与企业开展校企深度融合的同时借助企业力量搭建校内或校外的由校企共同主导的创新创业教育基地，与地方政府、行业、高校合作搭建不同平台的创新创业教育基地。社会主义核心价值观融入高职生创新创业教育能更好地从国家、社会、个人层面进行，通过平台搭建可以使社会主义核心价值观全方位、全过程地融入高职生创新创业教育，把创业基地同时打造成具有新时代高职特色、符合国情的社会主义核心价值观教育基地。

（三）加强社会主义核心价值观融入高职生创新创业教育课程教学

创新创业教育是一个课程体系，有专业创业课程、通识创业课程、选修课创新创业教育等课程，要把社会主义核心价值观融入课程教学，需要根据高职生人才培养方案、教材的选定、教学目标定位、教学设计安排、作业布置、创业实践等内容，科学融入社会主义核心价值观教育。

融入人才培养方案：社会主义核心价值观作为时代精神和社会共同认可的价值观念，为高职院校在新形势下人才培养指明了方向、明确了要求，高职院校在不同专业的人才培养方案制定过程中根据专业特点、社会需求、产业发展等把社会主义核心价值观内容具体化到人才培养方案中，做到思想到位、任务清晰、目标明确。高职生在掌握创业技能基础上需要良好的创业意识、高尚的创业情操、较高的创业素质等，把社会主义核心价值观内容融入创业技能中去。

融入创业教材：在创业教材编写过程中，要考虑到社会主义核心价值观教育内容的融入，创业教材的通识教育、创业素养、创业精神等内容要融入社会主义核心价值观理论层面内容，创新创业教育的实践活动用社会主义核心价值观的实践活动来引领并形成可具体操作的内容写入教材，教材中案例分析融入社会主义核心价值观对创业成功的作用等。用社会主义核心价值观内容统领高职生创业教材编写，使创业技能和创业素养融为具有新时代中国特色的创业教材。

融入教学设计：把社会主义核心价值观融入高职生创新创业教育的教学

环节是具体实施的阶段。社会主义核心价值观融入教学设计环节中的教学目标、教学重点、教学难点、学情分析等。教学目标中素质目标教育是重点也是难点，即根据每节课的教学内容把社会主义核心价值观融入创新创业教育的技能中。尤其是在课前准备阶段引导学生重视社会主义核心价值观，课堂实施环节中利用多种教学手段让学生了解融入社会主义核心价值观的重要性，课后的作业布置利用书面作业或多媒体等平台融入社会主义核心价值观内容，使社会主义核心价值观教育内容得到加强。

融入创业活动：高职生创新创业教育活动主要是指校内、校外的创业活动。校内开展的各类型创业活动主要有创业经验交流会、创业文化节、创业讲座等，主要作用是与课堂上创业理论课相对接，积极引导高职生参与并形成正确的价值观，锻炼创业技能，在校园内营造良好的创新创业教育文化氛围，发挥社会主义核心价值观的引领作用，提高高职生的敬业精神和责任感。校外创新创业教育活动主要是依靠校企合作、校校合作等建立校外创业实践基地，由经验丰富的创新创业教育指导老师或企业指导老师引领学生开展创新创业教育实践活动，实现学中做、做中学，让高职生真正体验创业艰辛、了解创业历程，引导高职生自觉以社会主义核心价值观为引领，培养吃苦耐劳、开拓进取、勇于奉献的精神，具有社会担当的意志品质和理想信念，以社会主义核心价值观规范高职生创新创业教育行为。通过创业活动检验创业技能是否过关，创业素养是否符合社会主义核心价值观要求，是否全面掌握创业者应具备的合理要素。

第四章　职业发展视域下高职院校创新创业教育

一、职业相关概念

（一）职业的定义

职业分类，是指按一定的规则、标准及方法，按照职业的性质和特点，把一般特征和本质特征相同或相似的社会职业，分成并统一归纳到一定类别系统中去的过程。职业是一个名词，它有两个单字构成。所谓“职”包含社会职责、权力与义务的意思，所谓“业”包含从事业务、事业、事情、独特性工作的意思。可以说“职业”一词反映着个人与社会两方面的内容，是个人与社会互动的范畴。从职业的科学含义来说，职业是指人们从事的相对稳定的、有收入的、专门类别的工作。它是对人们的生活方式、经济状况、文化水平、行为模式、思想情操的综合性反映，它是一个人的权利、义务、权力、职责，也是一个人社会地位的一般性表征。由此也可以说，职业是人的社会角色的一个极为重要的方向。职业还往往成为一个人最基本的符号、最主要的特征。

（二）职业发展理论

职业发展理论就是将人们生命周期中的职业生涯划分为不同的发展阶段，假设每一个阶段都有自己独特的问题和任务，并提出了解决这些问题、完成这些任务的方法与对策。职业发展理论是西方国家职业指导理论之一。主要代表人物有舒伯的职业生涯发展阶段理论、金斯伯格的职业生涯发展阶段理论、格林豪斯的职业生涯发展阶段理论。他们从20世纪40年代初就提出发展性职业咨询和指导概念及其原则，并长期进行实验研究，于50年代形成理论体系。中心论点：职业发展在个人生活中是一个连续长期的过程，可分为几个连续的不同阶段。金斯伯格把它分为幻想期、尝试期和现实期3个阶段；舒伯则把它分为成长、探索、建立、维持和衰退5个阶段。每个阶段都有一定的特征和任务。

（三）职业选择理论

人们从对职业的评价、意向、态度出发，依照自己的职业期望、兴趣、爱好、能力等，从社会现有的职业中挑选其一的过程就是职业选择，职业选择的目的在于使自身的能力素质和职业需求特征相结合。

1. 特质—因素理论

这个理论是职业生涯理论中最为悠久的一种理论，美国职业指导之父帕森斯将其运用在职业指导方面，提出了职业选择的“三步范式”法：第一步，进行人员分析，评价个体的能力和心理特征；第二步，分析职务要求，并向求职者提供职务信息；第三步，人职匹配。

2. 职业人格类型理论

该理论由美国约翰·霍普金斯大学心理学教授、著名职业指导专家霍兰德提出，它一方面引用了人格心理学的重要观念，认为职业选择是个人人格的反映和延伸，另一方面它是霍兰德本人职业咨询经验的结晶。他认为职业选择是人格的一种表现，工作兴趣类型即人格类型。大多数人的人格特质可以归纳为六种类型：实际型（现实型）、研究型、艺术型、社会型、企业型、常规型（传统型）。工作环境也可以分为与人格类型分类相一致的六种类型。这六种类型可以按照固定顺序排成一个六角。在霍兰德六角形人格模型中，每一个人都并非只有一种类型，这些类型越相似或相容性越强，则一个人在选择职业时的冲突就会减少。

3. 心理动力理论

奥地利心理学家西格蒙德·弗洛伊德的心理动力理论集中研究了人类心理的内在动力问题。它注重个人职业发展的观点以及个人内在因素来探索职业选择，强调发展当事人的自我概念，通过当事人个人人格的重建来达到职业选择，重视当事人在职业选择中的自主作用。

4. 职业锚理论

该理论是美国麻省理工大学斯隆管理学院教授、哈佛大学社会心理学院博士施恩最早提出的。个人经过搜索所确定的长期职业定位就是职业锚，共有八种职业锚：技术职能职业锚、管理能力型职业锚、创造型职业锚、安全感型职业锚、自主型职业锚、纯挑战型职业锚、服务型职业锚、生活型职业锚。

在个人的工作生命周期和组织的管理过程中，职业锚起着巨大的作用。它清楚地反映出个人的职业追求和抱负，组织可以通过员工的职业锚判断员工在职业选择与发展中的偏好，组织与个人通过职业锚相互了解，不仅能使个人的工作效率、经验、技能和职业规划等达到最大化，而且还会为社会提供更多的物质财富和精神财富。①

二、职业生涯规划理论概述

（一）职业生涯的定义

职业生涯是一个人一生所有与职业相连的行为与活动以及相关的态度、

① 马忠明．高职学生职业生涯规划研究［D］．东北财经大学，2010.

价值观、愿望等连续性经历的过程，也是一个人一生中职业、职位的变迁及职业目标的实现过程。职业生涯这个概念随着时间推移、社会变迁、科技发展等因素，其概念也在不断发生变化。个人和组织相结合，在对一个人职业生涯的主客观条件进行测定、分析、总结研究的基础上，对自己的兴趣、爱好、能力、特长及不足等各方面进行综合分析与权衡，结合时代特点，根据自己的职业倾向，确定其最佳的职业奋斗目标，并为实现这一目标做出行之有效的安排叫做职业生涯规划。

（二）职业生涯规划教育

职业生涯规划教育是培养个体的职业生涯规划的意识和能力，结合主客观条件，确立职业奋斗的目标，促进个体职业生涯发展的综合性教育活动，其具有目的性、计划性和组织性。高职生职业生涯规划教育，是指结合高职生自身条件和现实环境，从自身条件出发，全面客观科学正确地认识自己，结合企业用人需求，提前设计自己的职业目标，选择职业道路，制订相应的培训、教育和工作计划，并按照生涯发展的阶段实施具体行动以达到目标的过程。

三、职业价值观

（一）职业价值观概念

职业价值观是指人生目标和人生态度在职业选择方面的具体表现，也就是一个人对职业的认识和态度以及他对职业目标的追求和向往。价值观是个体按照客观事物对其自身及社会意义或重要性进行评价和选择的原则、信念和标准。职业价值观的概念至今没有一个统一的定义，西方不同学者指出职业价值观是个人所追求的与职业有关的目标；职业价值观是个体对他所从事的工作的结果的重要性程度的认识，此观点没有涉及职业价值观的本质。

国内学者给从不同方面给职业价值观进行了解释，有的认为职业价值观是个体对职业所需的表现，是职业问题的反映；有的认为职业价值观是对职业的看法和信念，是职业生活中的价值认同。根据研究对象、关注点不同，解释不同。笔者更趋向于我国学者阚雅玲把职业价值观分为收入与财富、兴趣特长、权利地位、自由独立、自我成长、自我实现、人际关系、身心健康、环境舒适、工作稳定、社会需求、追求新意等12类，此价值观得到更多人认可。①

（二）高职生职业价值观与职业生涯规划

合理规划职业生涯对高职生的职业追求和发展具有重要的指导意义。当前，高职生在职业生涯规划中对价值观追求的定位并不清晰，高职生更多关注如何制定职业生涯规划，忽视职业价值观追求在职业生涯规划中的定位。会造成高职生职业价值观选择不清晰、目标定位不明确、心理失衡等现象，这种情况严重影响高职生的职业发展。

根据教育部的相关资料显示，我国高职院校毕业生人数不断提高，每年都有几十万的毕业生在家待业。我国的高职毕业生的供求基本保持良好发展态势，但是也存在着很多的毕业生大材小用，以及所从事的工作与自身专业不符的现象，还有一些高职院校毕业生出现签约后并未到单位工作等现象。从另一方面来看，近几年高职院校学生择业与用人单位之间出现矛盾，出现了大学生就业难与用人单位招聘难的问题。原因可能是多方面的，比如用人体系不够健全、高职院校的专业设置不合理或者是招聘信息不畅通等。如何在职业生涯规划中科学追求职业价值观定位，目前的高职院校对这一问题还没有引起足够的重视，可以说是处在一个比较薄弱的状态。

现在社会上提供职业生涯规划的辅导机构并不多，还没有充分形成学生、学校以及社会三者之间的良性互动的局面，很多高职院校对学生职业生涯规划的认知也仅仅停留在一些粗浅的见解和肤浅的文字上。我们通过相应的实际调查发现，在高职院校当中对自己未来职业生涯进行过规划的大学生很少，对大学生职业生涯规划的相关理论没有明确的了解，并且对自己未来所要从

① 马超颖．高职生职业价值观与自尊、成就动机的关系研究［D］．南京师范大学，2017.

事的职业也没有很好的定位，更谈不上对职业价值观的追求。

四、高职生职业生涯规划存在的问题及原因

随着职业教育的不断发展，高职院校职业教育越来越重要。高职生职业生涯发展规划对高职教育具有重要作用，技术在高职生职业生涯规划中能否占据主要地位，直接关系着高职生人才培养成功与否。同时，高职生职业生涯规划也直接关系着高职生的就业率和就业质量，关系着高职院校的人才培养。对高职生进行科学的职业生涯规划，可以有效地帮助高职生认识自我、发展自我、完善自我，提高自身的修养和能力，可以促进高职生首次就业和今后再择业。高职生如何科学地进行职业生涯规划教育，是高职生职业生涯规划能否成功的重要前提。

（一）高职院生职业生涯规划存在的问题

目前高等院校职业生涯规划中存在的问题，主要分为两大方面：一方面在于学生，主要表现在学生对职业生涯规划的意识等方面；而另一方面体现在学校方面，高职院校对职业生涯规划的重视程度还不够。

1. 职业生涯规划主客体的重视程度不够

高职院校发展迅速，目标明确，为企业提供一线的技术工作人员，不免造成职业生涯规划主客体的功利思想存在。高职院校主要围绕教学工作和科研工作的同时很少关注职业生涯辅导，也没有意识到职业生涯辅导的重要性和必要性，因此在政策、资金、设施、人员等方面投入很少。尤其是对高职生的理论和实践指导不够，更谈不上对专业的评估和测试。

高职生对职业生涯规划教育概念模糊。高职生生源种类较多，如提前招生、对口招生、统招等，再加上国家刚开始执行的社会招生等生源类型，造成了学生入学成绩参差不齐、升学目标不一、学习态度多样等问题，高职生对职业生涯规划概念模糊，重视程度不够，不能够规划自己的职业发展，缺乏长远发展目标。

高职生对职业生涯规划教育内容重视不够。高职生入学后重视自己的短

期学习和就业，认为只要学好专业即可，至于其他课程无关紧要，对职业规划教育中的自我认知、性格探索、职业能力分析等重视不够，自我分析不到位，职业认知不全面等。高职生对自我主观认知比较强，对客观的软件测评和测试重视不够，对自我综合认知欠缺，对职业发展的人职匹配理论与实践重视不够，对自我规划调整的认知不够等，严重阻碍职业规划教育的教学质量。

高职生对职业生涯规划教育的执行力不够。高职生在教师的指引下能够树立短期目标和长期目标，但是目标的设定缺乏科学指导性，目标过于假大空，对目标不能科学地执行，尤其是短期目标很难做到严格执行，自我控制力较弱。

2. 职业生涯规划目标不切实际

一些学生以学习课堂知识为主要任务，造成不少学生在学校的考试中成绩优秀，但对学校外面的社会却是知之甚少。他们不知道如何了解社会，如何与社会上形形色色的人打交道，也丝毫不知道如何成功推销自己。在调查中有半数以上的同学主动参加社会实践，但多数是发传单、推销等形式参加的打工活动，对于专业的学习和收获效果并不明显。

高职生年龄基本都在20岁左右，且大多是独生子女，进入高职院校的分数并不高。他们来学校的目标并不十分明确，大部分仅仅是能找个工作就行，至于工作质量，从事哪类工作并不多想。只想找个工作环境好、收入高等理想工作，给自己的目标定位脱离现实实际，工作定位脱离所学专业、脱离自身能力。

3. 职业意识薄弱

职业生涯规划的前提是职业意识。尤其是高职院校，与大学本科相比，高职学生受的教育往往是针对某一特定的职业。因此高职生是否有职业生涯规划意识，对将来有至关重要的影响。我国的高校扩招后，每年从全国各大高校毕业的学生有几百万，高职生在这毕业大军中的地位本来就是最底层的。如今面对日趋激烈的就业压力，如果没有做好充分的准备，很有可能面临

“毕业”即“待业”的窘迫境地。但根据对部分学生的抽样问卷调查显示，高职生普遍缺乏职业生涯规划意识。在被问及“你现在专业是如何得来的”时，58%的学生是自主选择，但仍有40%的学生透露他们的专业并非自己有意识选择的结果，有的是来自别人的建议，有的是随便选的，还有的是被调剂来的。对自己的专业都懒得动脑筋，对于未来要涉及的职业更是没有概念。

4. 高职院校职业生涯规划课程建设不够完善

职业生涯规划需要一定的理论基础和实践指导，课程建设是职业生涯规划知识获得的重要渠道。目前，高职院校职业生涯课课程建设比较混乱，有的学校甚至没有该课程的开设；有的院校也是基于仅仅在心理课教学、就业指导方面进行的课程教育；有的是邀请校内相关教师和企业有关人员进行几次相关讲座；有的安排学生写份学业指导书或者职业生涯规划书等。职业生涯规划课程开设不够系统，实践教学安排不够合理，专业测试评估软件无法保证。

5. 职业生涯规划教育未能实现全程辅导

职业生涯规划教育是一个系统教育体系，需要较长时间的跟踪辅导，理论知识和实践都需要不断地更新。目前很多高职院校认为在新生开学时开个讲座和就业时做几场就业指导报告就行了，这是一个严重的误区。这样广泛的教育脱离了人的个性特点和每个人周围环境的不同，没有体现个性和共性的关系，从而导致职业生涯规划的偏颇，未能真正实现职业生涯教育的连续性和长久性。

教育过程不够全程，导致高职生职业生涯规划教育连续性不够。高职生职业生涯规划教育是一个系统教育，不是一个阶段能够完成的教学。影响职业生涯规划教育的因素较多，有家庭的、社会的、学校的因素等，学校的因素只是其中一个重要的环节。学校对高职生职业生涯规划教育只能对学生三年的学业指导和职业目标进行定位，难以做到入学的职业测试和毕业后的跟踪回访，造成对高职生职业生涯规划教育实践效果的跟踪不到位，对在校期间的教育效果测评不准确。

师资构成不够完善，导致高职生职业生涯规划教育质量不高。高职生职业生涯规划教育师资力量是有效提升教学质量的重要因素。高职院校职业生涯规划教师大部分是由不同学科背景、不同工作岗位的老师组成。经走访调研发现，大部分老师是由辅导员（班主任）担任，专业课教师较少；大部分是校内教师担任，校外兼职教师较少。这种现象容易造成教学内容和教学质量难以得到保障。这种配备模式对教师集中教学研讨、教学实践课程落实、教学效果考核难以做到统一管理。

教育内容不够全方位，导致高职生职业生涯规划教育难以体现本土化。高职生职业生涯规划教育的平台搭建、课程内容、教学模式等过于单一，难以有效体现教育本土化。目前高职院校教学平台仅限于课堂灌输式教学和学生的校内活动，对不同学校、不同专业使用统一教学内容等，造成高职生职业生涯咨询、测评的平台不够，教学内容没有贴近学生所学专业，教学模式灵活性不够等现象，严重影响着高职生的个性的职业生涯规划教育。

6. 缺乏专业的指导人员

职业生涯规划在国内各大高校的推广只有 10 多年的时间，虽然开设了一定的课程和咨询的活动，但是大多的内容还是停留在表面层次，大多是普及基础内容的推广，具体深入的实施指导还较少。学校长期以来没有把对学生的职业生涯规划放在一个重要的位置，相应的人力、物力和财力的投入也很少。目前高校往往将学生的职业生涯规划的工作和招生就业办的毕业生管理工作直接挂钩，职业生涯规划和就业指导往往是画上等号的。不少的辅导员也有这样的想法，只要学生毕业后找到工作，该学生的职业生涯规划就算做好了。一切都由毕业能不能找到工作说了算，这与职业生涯规划的真正内涵还相差甚远。

（二）高职生职业生涯规划存在问题的原因

根据影响高职生发展的因素，从高职生的主体、教育主体、家庭社会主体三个方面分析，从不同角度探究高职生职业生涯规划存在问题的原因。

1. 学生主体

当前，学生过分依赖父母或他人是比较普遍的现象。一部分学生对专业知识学习的不重视、对就业前景的不关怀、对职业发展的无所谓态度令人失望。

学生不主动考虑自己的未来，未来的发展规划都很被动，希望由父母或其他人来替自己拿主意。有一些高职生认为读完书，才找工作，现在尚处于学习阶段，不用考虑那么多。没有将学习和自身未来的发展联系在一起的学生，学习阶段往往是比较盲目和迷茫的。另外一些学生通过社会实践和其他一些途径，深刻体会到“没有背景，只有背影”的潜规则，往往对未来的前途很悲观。只看到自己的劣势，看不到自己的优点，过分地否定自己，容易让自己失去信心，悲观情绪带来的一定是不利影响。高职生对职业生涯规划的理念和作用的认同度不高使职业生涯规划的展开普及和深入不够流畅。职业生涯规划是根据实际情况对客观进行规划，充分体现个性化和主导性，无法由其他人替代。

2. 学校主体

目前，国家提出在大学教育阶段高校要开展学生职业生涯规划教育，但由于起步较晚，也没有相应的法律和条例加以规定，在实施的过程中也不是很理想。关于职业生涯规划方面的内容还不完善，课程的普及率、课程的形式内容和专业的指导人员并不合理。究其原因，多数学校只是硬性执行国家的相关政策，实际操作没有投入相应的人力、物力和财力。职业生涯规划的开设比较笼统，请些专家学者以讲座的形式展开，没有针对不同专业和不同年级来建立完善的课程体系。设计职业生涯规划的内容往往侧重于理论，缺乏针对学生的个性化。一些学校的师资的配备也缺乏专业性，担任指导任务的往往是学生的辅导员，本身并不具备职业指导教师的资格，往往不能科学地指导学生如何做好职业生涯规划。在高职院校尚未建立专业的职业指导队伍的情况下，职业规划教育的展开往往随意性较大、规范性较差，实际效果也并不理想。

3. 家庭社会主体

我国的职业生涯规划教育起步较晚，还没有形成完整的系统性理论。同时在国内成长环境中，父母在家里是一家之长，特别是当前的学生大多来自独生子女家庭，很多父母过分地照顾呵护宝贝儿女。从进入幼儿园，大人常常挂在嘴上的是“好好学习，天天向上”，只要成绩好，分数高，一切都好。这样的环境下成长的孩子，有些到了大学阶段还不能“断奶”。在国内传统的教育理念中，知书达理、为人处世等思想源远流长，但对于未来设计模糊又笼统。如果之前这方面的教育是一片空白，到了大学阶段才开始考虑是不是有些迟了？

五、高职生职业生涯规划教育途径

理实并重指理论和实践在高职生职业生涯规划过程中同等重要，理论和实践要贯穿高职生在校期间，即从入学教育到首次就业。这里的理论指导指与高职生职业生涯规划紧密相关的专业知识引导、心理健康知识指导、思想政治教育等，实践指有助于实现高职生职业生涯规划的各类具体实践活动，包括校内实践和校外实践的各种提高自身综合素质的实践活动。全程辅导指高职生自入学之日起不论从理论学习还是实践指导实现全方位、全过程，时间和空间全覆盖的辅导，具体指职业生涯规划的专兼职教师配备，职业生涯规划理论教育与实践指导的全方位、全过程，把理论教育和实践教育并重于整个求学期间。

（一）高职生职业生涯规划能力需求

目前社会需要知识更新、能力综合、身心素质并重的人才，深化知识、转化知识、更新知识、重组知识、提升能力、重构能力是适应工作需求的根本。虽然高职院校以就业为导向，以为企业提供高职技术人才为目的，但是良好的职业态度和正确的职业观是高职生职业生涯规划的重中之重。为此，高职生必须具备一定的职业生涯规划能力，这种能力来自自身的意识和理论实践的学习，必须培养学生对职业生涯规划的一般能力和关键能力的掌握，通过高职生理论教学和实践指导提升高职生职业生涯规划能力。

进行职业生涯规划目的是促进高职生的全面发展。高职生要科学制定职业生涯规划，必须培养高职生掌握制定职业生涯规划的各项能力，笔者认为高职生进行职业生涯规划要掌握一般能力和关键能力，通过一定的载体实现能力的掌握。见表2：

表2　高职生进行职业生涯规划需掌握的各项能力及其载体

	一般能力	关键能力	载体
知识	职业生涯规划理论知识和专业知识等	心理学、职业测评等	理论课程：必修课、选修课、实践课等
技能	预测与分析能力、了解问题能力、判断与评估能力等	有效判断力、学习创新能力等	校内实践、社会实践等
意识	责任心、进取心		

（二）“理实并重 全程辅导”的职业生涯规划教育途径

1. 完善课程设置，保障职业生涯规划全程教育

职业生涯规划教育是系统工程，是全面有计划的教育活动。为此，高职生职业生涯规划要有计划地贯穿于大学生活的全过程。高职生从大一到大三职业生涯规划理论学习和实践指导各有侧重，需要理实并重、全程辅导。

在高职院校职业生涯规划课程建设设计方面，课程的设置要符合高职生学习特点，符合高职生人才培养方案。高职生职业生涯规划课程建设需要多学科的支撑、多种理论的运用、多种上课形式的运用等。它应该与心理健康教育、思想道德建设、校园文化建设、学风建设等有机结合起来，可以将学生个人的职业生涯规划与学校的职业生涯规划教育服务体系总结成一个体系，两者紧密相连，同时又有各自的内容。在课程设置时要有侧重点，大一以理论为主，实践为辅；大二以实践为主、理论学习跟进；大三理论与实践并进，明确就业方向。其中，大一要以必修课为主，大二和大三以选修课和讲座为辅，尤其是大三要把重点放在就业技巧和创业指导上，提高职业生涯规划的针对性。

2. 加强教师队伍建设，提高职业生涯规划教育能力

高职生职业生涯规划教育需要一支强有力的师资队伍作为保障，师资队伍是高职生职业规划的前提和基础。首先，要在多学科的基础上进行职业生涯规划课选拔，对教师进行专业培训。其次，要加强其他相关工作人员的职业生涯规划知识培训，使他们获得专业资格认证，这些人员包括专业课教师、辅导员、负责招生就业的教师、思政课教师、从事心理健康教育的教师、其他学生管理工作人员等。形成职业生涯规划指导工作、辅导员工作、学生管理工作、学生思想政治教育工作良性互动的局面。这里需要形成以辅导员、管理人员为主，以校内其他教育人员和企业相关人员为辅的职业生涯规划教师队伍建设。

3. 建立咨询室，为高职生打造职业生涯规划咨询平台

目前，在高职院校建立职业生涯规划咨询室是非常有必要的，如高职院校心理咨询师一样对学生进行相关方面的咨询。建立职业生涯规划咨询室可以帮助高职生进行学业指导、专业指点、职业发展咨询等方面的服务，同时进行必要的硬件支持，如职业生涯规划测试评估软件、专业咨询室等完整的职业生涯规划咨询体系。建立职业生涯规划咨询室可以帮助学生明确发展方向，清楚自己的短期和长期发展目标，进一步懂得为什么学、学什么等一系列问题，为学生提供校内全天候咨询、全方位的职业生涯规划相关服务。

4. 注重实践，加强高职生职业生涯规划实践途径建设

在高职院校建立职业生涯规划的平台上，要注重检验职业生涯规划的实践途径。高职生在学业指导或职业生涯发展经过理论的指导之后，需要在学习、生活中检验自己的职业发展情况，遇到问题要及时反馈及调整。高职院校要充分发挥社团建设、社会实践、顶岗实习、校内外实训等途径，让学生在实践途径中切身体会自己制定的职业生涯发展，进一步模拟高职生的职业生涯发展空间，让高职生接受到职业生涯规划的全程教育和指导。

（三）用“三全育人”指导高职生职业生涯规划教育

习近平总书记在全国高校思想政治工作会议上指出，要坚持把立德树人

作为中心环节，把思想政治工作贯穿教育教学全过程，实现全程育人、全方位育人，努力开创我国高等教育事业发展新局面。党的十九大以来，聚焦实现全员全过程全方位育人，教育部启动“三全育人”综合改革试点，指导建设32家省级高校网络思想政治教育中心，培育建设20个思想政治工作创新发展中心、40个思想政治工作队伍培训研修中心，大力推动理论创新和实践探索。在各地各高校的共同努力下，“三全育人”呈现出生机勃勃的崭新局面。高校要将立德树人作为立身之本，着力构建“三全育人”工作体系，不断提升人才培养的针对性和实效性，切实肩负起培养德智体美劳全面发展的社会主义建设者和接班人的神圣使命。

1.“三全育人”理念下高职生职业生涯规划教育

用“三全”育人理念指导高职生职业生涯规划教育，对解决其存在的问题、教育成效具有重要作用。如何利用“三全教育”理念解决其存在的问题？首先围绕高职生自身对自我认知、职业目标的认识、职业内容的认知等方面分析，其次是围绕学校层面的师资队伍建设、课程改革、规划平台搭建等分析。如何把“三全育人”理念融入高职生职业生涯规划教育过程中？第一，全员育人。能帮助高职生职业生涯规划教育的人员，主要是高职院校内教师、校企合作的兼职教师、咨询机构的具有职业指导认证的人员和家庭的辅助等，形成全员参与、分工明确、目标统一的教育体系。第二，全过程育人。高职生职业生涯规划教育要贯穿所有阶段，这里指高职生入学前专业定位、入学后的专业教育（大一到实习前）、实习及就业后三个阶段。第三，全方位育人。根据职业规划教育内容，把理论学习、专业学习中的显性教育与隐性教育相结合，把思想政治教育渗入他们学习和生活的各个环节，渗透到教学、管理和服务的各个方面，使高职生形成良好的思想品质和人格修养，促进高职生全面发展。

2. 用“三全育人”理念指导高职生职业生涯规划教育

根据“三全育人”理念下融入高职生职业生涯规划全过程存在的问题及原因，结合“三全育人”的范围界定，提高高职生职业生涯规划教育重视程度：全员育人方面，形成以学校指导教师为主、企业人员兼职为辅、机构咨询参与的全员育人格局；全过程育人方面，以抓好时间节点，做好平台建设，做好规划咨询客观软件和问题的设计，打造入学前、中、后的时间衔接机制，把育人理念全程融入职业规划全过程；全方位育人方面，以专业教育为核心，以职业规划通识教育为基础，以高职生个人兴趣爱好为出发点，把专业教育、职业素养课程融入职业规划教育等。

（1）提高高职生认知，助推高职生职业生涯规划教育开展。

在实际教育指导过程中，教给学生“为什么要进行职业生涯规划”远比教给学生“如何进行职业生涯规划”来得更加重要，当学生明白职业生涯规划的意义所在后，自然会通过各种途径来进行自我认知、职业探索、设立目标并采取切实可行的行动，进而完成职业生涯规划的全过程。[①] 提高高职生对职业生涯规划的认知可以在高职生入学教育阶段把专业融入职业发展规划中讲授，邀请优秀毕业生回校讲座，邀请企业人员进行专业讲座等形式，通过不同途径提高高职生的认知，让高职生感受到职业生涯规划不是一句口号，是通过自己的科学规划和坚持不懈才可完成，只有重视职业生涯规划教育才有可能实现自己的精彩人生。

（2）全员育人，完善高职生职业生涯规划教育师资队伍建设。

针对高职生职业生涯规划教育师资队伍建设，高职院校要形成以学校指导教师为主、企业人员兼职为辅、机构咨询参与的全员育人格局。职业发展与就业指导课程是集理论课、实务课和经验课为一体的综合课程。职业生涯规划教育内容涉及学生的兴趣爱好、自我认知、专业学习、目标制定、自我规划调整等内容，依靠学校老师要把内容全面教授给学生不太现实，学校可根据职业生涯规划教学内容聘请企业人员、优秀毕业生、优秀学生家长、社会资讯机构人员担任兼职教师，从不同层面传授教学内容，方可形成全员参与，提高师资队伍建设质量。校内教师可以由辅导员（班主任）、专业课教师

---

① 王春燕．“三全”育人理念下的大学生职业生涯规划教育［J］．岳阳职业技术学院学报，2018（2）：42－45.

等人员组成，主要讲授理论知识，做好学生在校期间的学业指导；企业兼职人员主要引导学生对专业的职业规划认知，自己所学专业将来的发展方向能更直观地影响学生的职业规划；优秀毕业生和家长可以从现身说法、以榜样的力量和情感的作用引导学生对职业发展目标的定位；社会培训机构人员可以通过咨询平台客观分析学生的客观情况，让学生主客观结合，认清自我，了解自我，有助于人职匹配，对职业目标定位更加准确。只有全员参与，形成合力，才能为学生提供更好的师资队伍保障。

（3）全过程育人，做好高职生职业生涯规划教育无缝对接。

高职生职业生涯规划教育平台建设、时间上做到校内外对接。“全程育人”某种意义上是高职生在学校的性格、职业倾向、人职匹配理论的测试等内容与社会职业咨询机构、企业实习平台的对接，做到校内理论学习平台与校外实践平台对接，如校内可以通过社团指导、第二课堂等平台的职业认知和校外企业体验、仿真模拟等内容对接，能使高职生从理论学习与亲身体验中掌握职业生涯规划教育的内容。入学前依靠咨询平台进行高职生专业兴趣的测试为其选择专业提供参考依据；入学后主要指高职生职业生涯规划教育具体内容即自我认知、职业认知、环境营造、职业定位、规划实施、规划评语与调整等发展阶段，利用全员合力把教书育人、科研育人、实践育人、管理育人、服务育人、文化育人、组织育人长效机制融入全部发展阶段；实习及就业后依靠校企合作平台的企业人员和优秀校友跟踪高职生的规划实施，邀请优秀校友到校给学生进行职业生涯规划指导并聘任其为兼职指导教师。三个阶段是递进的螺旋式提升关系，实现全过程育人。

（4）全方位育人，实现高职生职业生涯规划教育内容个性化。

“全方位育人”主要是从空间而言，强调育人要体现在促进高职生的各个方面，将显性专业技能教育和隐性职业素养教育相结合，促进高职生全面发展。

高职生职业生涯规划教育不同阶段由不同人员进行教育，主要学会进行职业生涯规划，能根据自身发展、社会发展、技术更新等进行评估调整自己的职业规划，其内容主要有学习能力、思维能力、专业素养、职业素养、创新能力培养等，体现在促进高职生全面发展的各个方面和环节。教材内容要融入本校办学情况、专业建设情况、地方经济发展和就业情况等；教学形式要突破灌输式模式，实现理论学习、客观测评、职业体验、规划竞赛等多种教学形式。如高职生职业生涯规划教育中专业学习内容要专业教师配合，督促学生走访专业教师，联系优秀毕业校友进行交流，打破不同专业使用统一教学内容的模式；在职业了解过程中，邀请优秀毕业生回校讲学，让学长现身说法，或者把优秀校友编写成教育案例教学，带领学生到企业体验职业流程等；在目标定位过程中，邀请优秀家长回校做交流，让学生更能体会到职业目标的重要性。

高职生职业生涯规划教育的出发点和落脚点都是学生。全员、全过程、全方位进行职业生涯规划教育是完整体系，不可分割，高职生职业生涯规划教育更多的是让学生重视职业发展、坚定职业目标、落实到学习工作中去。只有每一个学生做到学业、职业、生涯的改变才能促进整体学生的改变，只有贯彻“三全育人”理念并得以应用，才能更好实现立德树人，使职业生涯规划教育有成效，对高职生职业素养的提升、价值观的形成、高质量就业具有帮助作用。

六、职业价值观视域下高职生职业生涯规划

从影响职业价值观的要素看，理想、信念、世界观对其影响较为深远。职业价值观包含了人们对职业的期望，对其职业选择和发展方向影响较大，对其岗位的工作态度和业务能力具有决定作用。高职生的职业价值观是其对待职业发展的一种信念和态度，不仅对职业选择有影响，而且深刻影响其今后工作负责度和业务水平，甚至影响到社会的稳定与发展。职业价值观对高职生职业选择和选择职业目的具有引导作用，尤其是对高职生职业生涯规划教育具有重要的影响。因此，在高职生职业生涯规划中树立正确职业发展目标与正确的职业价值观对其职业生涯规划教育具有极其重要意义。

（一）职业价值观在高职生职业生涯规划中的作用

职业价值观对高职生职业生涯规划有着重要影响，职业价值观树立是否

正确，教育方式是否到位，都直接影响高职生职业生涯规划的判断、实施与调整。

1. 职业价值观有利于高职生职业生涯规划的科学判断

目前，高职生职业价值观多元化已经基本确立。当高职生进入学校的第一天就应该确立将来要从事的技术岗位。为此，高职生在做职业生涯规划时需要考虑到自己的理想、爱好、信念等因素，具体讲是要考虑收入与财富、兴趣特长、权利地位、自由独立、自我成长、自我实现、人际关系、身心健康、环境舒适、工作稳定、社会需求、追求新意等12种要素在职业生涯规划中的作用。只有树立正确的职业价值观才有可能帮助高职生科学制定职业生涯规划。树立正确职业价值观可以使高职生在做职业生涯规划时避免进入误区，从而让高职生职业生涯规划的每一步具有科学性，进而能真正实现人职匹配。

2. 职业价值观有利于高职生职业生涯规划的有效实施

高职生在科学做出职业生涯规划教育的同时，需要更多考虑职业生涯规划是否能够有效实施。高职生本人因性格差异、能力差异、目标差异等因素影响，对自身职业生涯规划的实施的有效性不尽相同。为有效实施高职生职业生涯规划，在问及高职生需要自我提高的方面（职业生涯规划需要完成的内容）时，发现27%的学生选择自己的专业技术与技能需要提高，21%的学生选择适应社会能力，19%的学生选择敬业精神和责任心，19%的学生选择理解与交流能力，14%的学生选择动手能力，可见职业价值观跟个人的选择与实施有直接关系。在问及高职生如何选择职业时，有40%的学生选择单位前景及个人发展空间，21%的学生选择薪资待遇，15%的学生选择专业对口，12%的学生选择单位所在地，12%的学生选择个人兴趣爱好。由此可见，个人的职业选择（生涯规划）是否以正确的职业价值观作为引导，对高职生职业生涯规划能否有效实施起着决定作用，即树立正确的职业价值观对高职生职业生涯规划教育具有重要作用。

3. 职业价值观有利于高职生职业生涯规划的准确调整

高职生职业生涯规划的制定、实施、评估、发展需要以正确的职业价值观作为修正的标准。高职生在职业生涯规划发展的道路中会受到社会的、家庭的影响的同时也受自我调整能力的影响。在问及高职生生活能力时，有38%的学生认为很好，45%的学生认为比较好，15%的学生认为一般，2%的学生认为不好。这里的生活能力直接体现职业生涯规划实施的效果如何。当高职生在职业生涯规划实施的过程中出现了偏离既定目标或者难以实现既定目标的状况时，就意味着职业生涯规划目标需要再评估，再评估的前提是以正确的职业价值观为基础进行修正，如果没有正确的职业价值观作为职业生涯规划的评估、修正的依据，那么高职生职业生涯规划会更加偏离既定目标，从而使其在人生道路上寸步难行。

（二）树立正确职业价值观，促进高职生职业生涯健康发展

职业价值观有利于高职生职业生涯规划的制定与实施，树立正确的价值观有利于高职生职业生涯的合理规划、稳定发展。

1. 坚持自我价值和社会价值的一致性，确保高职生职业生涯规划的科学性

职业价值观的形成过程直接影响着一个人的职业发展，高职生的职业生涯规划需要将职业价值观的个性与共性相融合，使高职生能够自我分析，并根据自己的实际情况探寻自己的职业理想和目标，从职业发展的方向规划人生。高职院校要引导高职生把自己的专业作为自己职业生涯规划的发展目标，在技术发展过程中发挥重要作用，让自我价值和社会价值形成有机结合。不论在什么样的经济环境、什么样的工作单位中，高职生的自我人生价值目标、信念、世界观都应该适应社会价值。这样，高职生职业生涯规划才能科学、合理，职业生涯规划目标才能实现。

2. 加强职业价值观教育，确立高职生职业生涯规划中职业价值观的核心要素

职业价值观影响着高职生职业目标的选择，决定着高职生的职业发展方向，在高职生职业生涯规划中具有重要作用。只有将职业价值观教育纳入到高职生职业生涯规划教育过程中，使其处于核心地位并起到关键作用，才能引导和帮助高职生从理想、信念、世界观层面形成正确的职业价值观，养成

良好的职业素养和高尚的职业道德，进而促进高职生找准职业生涯规划教育的方向和定位。

树立正确的职业价值观可以使高职生全面发展，且能充分挖掘高职生在技术领域的潜能，进而提高高职生的核心竞争力，让高职生找准定位、发挥自身优势。职业价值观教育是高职生职业生涯规划教育中的核心要素，离开了核心要素的引导，高职生的职业生涯规划和设计难以实现。

3. 恪守职业道德，坚定高职生职业生涯规划的主体地位

高职院校在加强学生职业价值观教育中必须坚定高职生的主体地位，并让职业价值观成为高职生职业规划的核心要素，同时，要加强高职生思想政治教育和职业道德教育，提倡高职生勇于到经济欠发达地区、新农村等社会需要志愿服务的地方工作，进一步培养高职生的社会责任感。高职生职业生涯规划教育内容是多方面的，不仅教育学生学会专业知识和专业技能，更重要的是教会学生如何做人，如何恪守职业道德。为此，在高职生职业生涯规划中必须把职业价值观作为其核心要素，才能确保其职业生涯规划顺利实施。

4. 职业价值观和高职生职业生涯规划教育共同为高职生成才服务

高职生职业价值观教育和职业生涯规划教育在育人目标上具有相同性：职业价值观教育的根本目标是树立正确的理想、信念、世界观，进一步提高自身的综合素质，使自己全面发展。高职生职业生涯规划是根据自己的爱好、理想、发展目标，在充分剖析自我的基础上，探索职业发展，树立明确的职业发展目标，实施自己的生涯规划，做到人职匹配。职业价值观教育和职业生涯规划教育在高职生的人才培养目标上是一致的。高职生职业价值观教育和职业生涯规划教育在育人内容上具有交叉性：职业价值观教育包括了人的社会需求、现实需求、利益需求等，主要是引导高职生如何树立正确的职业价值观。职业生涯规划教育同样涉及人的社会需求、现实需求、利益需求等，两者在核心教育上是一致的，职业价值观对职业生涯规划有着重要的影响，同样，职业生涯规划对职业价值观的树立也具有重要作用。二者在内容上相互包含，并会随着社会的发展不断扩大，最终走向深度融合。高职生职业价

值观教育和职业生涯规划教育在育人功能上具有互补性：职业价值观教育是解决大学生价值定位，它能改变高职生对世界的看法，尤其是在自己职业发展道路上的引领作用。高职生的职业生涯规划是解决高职生现实发展的问题，如学习某些具体的知识、技能掌握等来提高高职生的职业发展能力，为高职生的职业和事业发展打下基础。由此可见，两者资源共享、功能互补，共同为高职生成长成才服务。

七、高职生职业价值观转变下的职业生涯规划教育

根据学者阚雅玲提出的收入与财富、兴趣特长、权利地位、自由独立、自我成长、自我实现、人际关系、身心健康、环境舒适、工作稳定、社会需求、追求新意等 12 类价值观内容，笔者对某职业技术学院在校生和毕业生进行职业价值观问卷调研，分析高职生读书期间和毕业后的职业价值观变化情况，探寻影响高职生职业生涯规划因素，使职业价值观科学引领高职生职业生涯规划的制定与实施。

（一）问卷调查

笔者通过问卷发放、网络调研等途径对某职业技术学院 500 名在校生和 500 名毕业生进行调查。分别对在校生和毕业生的调查问卷设计模拟情景压力，让学生选择最值得拥有的职业价值观和可以舍弃的职业价值观，并对职业价值观进行排序。通过在校生和毕业生对问卷的回答进行对比分析，探究高职生职业生涯规划中职业价值观所起的作用和对其产生的影响。

（二）问卷调查分析

问卷根据在校生和毕业生的调查情况进行对比分析。通过同样的问题，如对职业价值观的认识、职业价值观重要程度排序、职业价值观对高职生职业生涯规划的影响、影响职业生涯规划的因素等，发现在校生和毕业生对职业价值观的认知变化情况，以及影响高职生职业生涯规划因素的变化情况等。

1. 本处在良好的就业环境，面对突然到来的压力，高职生选择舍弃三项职业价值观的情况

主要考察在校生没有进入工作之前和毕业生进入工作之后的职业价值观变化情况。分析学生职业价值观变化对其在校期间职业生涯规划教育的影响，进而提升高职生职业生涯规划教育的时效性。

调查结果显示，面对工作压力，在校生和毕业生舍弃的价值观并没有颠覆性的变化。在校生舍弃的三项是权利地位、环境舒适、追求新意；毕业生舍弃的三项是权利地位、环境舒适、兴趣特长。发现在校生可以舍弃追求新意，毕业生可以舍弃兴趣特长，表明毕业后的学生更加现实。不难看出高职生在制定职业生涯规划时，不仅要考虑人职匹配，更要考虑社会发展需要，不能一味根据自己兴趣特长去做事，更要考虑社会实际情况。两者同时放弃了权利地位、环境舒适，在某种程度上讲，高职生应大胆地追求拥有权利地位、环境舒适的工作，在职业生涯规划时要树立远大且务实的职业发展目标。

2. 在面对工作压力，舍弃三项职业价值观之后，对剩余的九项职业价值观必须保留三项，高职生保留职业价值观的情况

调查结果显示，在高职生舍弃三项职业价值观之后，对剩余的价值观必须保留三项，在校生选择的是身心健康、人际关系、收入与财富，毕业生选择的是身心健康、人际关系、自我实现。两者在选择时不同的项是收入与财富和自我实现，说明高职生对收入与财富和自我实现看得比较重要。其中，自我实现更能体现一个人的自身价值，收入与财富体现的是一种结果。在高职生职业生涯规划过程中，要把个人的自我实现体现到职业发展过程中，不能把收入与财富作为职业生涯规划的重点。两者对身心健康、人际关系看得尤其重要，这符合人类发展的本能需要，身体是革命本钱，没有健康身体，一切职业发展都免谈。同时，人是社会群体动物，人际关系对个人发展甚为重要，把人际关系这项保留下来也是情理之中。

3. 在前两项选择的基础上，必须再舍一项职业价值观，高职生的职业价值观选择的情况

调查结果显示，高职生在面对挫折之后在校生选择舍弃一项职业价值观

排在第一位的是自由独立，毕业生选择舍弃一项职业价值观排在第一位的是兴趣特长。在职业生涯规划中，自由独立与兴趣特长是高职生追求的较高的目标，在面对系列压力之后，他们会选择舍弃这两项，说明高职生受挫能力有待提高，在高职生职业生涯规划过程中要重视受挫折能力的培养。

4. 在职业生涯规划与发展过程中，高职生的职业价值观重要性排序情况

对在校生和毕业生进行数据调研，分析两者在职业价值观重要性认识排序上的变化，发现职业价值观在高职生职业规划中需要注意的事项，在平时教育过程中加强职业价值观相关方面教育。

调查结果显示，在校生的职业价值观重要性排序显得大而空，毕业生的职业价值观重要性排序更接近实际需求。进而说明高职生在制定职业生涯规划时需要务实的职业价值观作为指引。可怕的是在校生把兴趣特长和自我实现放在了最后，使职业生涯规划的人职匹配理论失去科学指导作用。

5. 在职业生涯规划与发展过程中，影响高职生职业规划的因素的重要性排序情况

根据数据对比，分析在校生和毕业生对影响自身职业生涯规划的因素的重要性排序的变化，在高职生制定职业生涯规划时，有针对性地加强相关教育。

调查结果显示，对在校生和毕业生的职业生涯规划影响最为重要的是在校期间的校园文化活动，毕业生认为校园文化活动重要性的比例更高。校园文化活动指学生在校园举办的各类文体活动，以提升高职生素质为主要目标，主要包括物质文化、精神文化、行为文化、制度文化，其中与专业技术紧密相关的文体活动学生受益最多。家庭因素的影响，尤其是父母的影响排在第二。在校生和毕业生认为影响职业生涯规划最少的两个因素是辅导员（班主任）和其他同学对自己的影响。说明高职生职业生涯规划及职业发展需要加强专业教育，加大辅导员（班主任）的教育力度，提高辅导员（班主任）在学生职业生涯规划中的指导作用。

面对职业价值观选择和排序，毕业生的职业价值观选择和排序更加务实，

在校生的职业价值观选择和排序更显理想化。在高职生职业生涯规划中不仅需要理论知识的指导，更需要职业价值观的引导。

（三）高职生职业生涯规划中职业价值观教育存在的主要问题

高职生职业价值观在个体发展过程中受到家庭、社会、学校等因素影响较多，为此，职业价值观的形成和确立也不尽一样。但是，职业价值观的确立影响着主客体对职业生涯规划的制定与实施，同样，职业生涯规划也影响着职业价值观的形成和改变。

1. 高职生职业生涯规划中职业价值观教育的缺失

对职业价值观教育重视不够。职业生涯理论过多地阐述了个人特性和职业的关系，基本都是在个体从事职业后的职业发展理论，缺乏职业早期及进入工作岗位前的基本职业素质培养。① 高职生职业生涯规划与职业价值观的确立有紧密联系，如果高职生的职业价值观没有得到科学的培养和确立，职业生涯规划肯定会出现问题，在职业生涯规划过程中职业价值观也难以形成。

职业阶段研究重要性不够。职业生涯规划理论强调阶段的重要性，每个职业规划阶段都有指定的目标和任务，但在制定职业规划过程中缺少职业价值观确立的重要阶段。职业价值观的确立对高职生职业生涯规划具有重要作用，而高职院校的在校生的职业生涯规划恰恰缺乏职业价值观教育的重要阶段，或者是通过校园文化活动树立高职生职业价值观教育方面还有待加强。

2. 高职生职业价值观模糊影响职业生涯规划实施

高职生的职业价值观是高职生这一特殊社会群体对待职业的一种信念和态度，对他们今后的职业生活起着关键性的指导作用，不仅决定了他们的择业行为，而且对于他们的工作态度、工作积极性，乃至对社会的稳定和发展都有重要的影响。随着高职院校的规模不断壮大，高职生的基本素养并没有随之提升。随着招生规模的扩大，带来的反而是高职生的自我认知不清、自

---

① 宋松，汪煜，汤小勇. 职业生涯规划理论对大学生职业价值观影响因素分析 [J]. 电子世界，2013 (14)：236－237.

我定位不准、自我规划不现实等问题。部分高职生对于职业价值观有着“期望值高、脱离现实”的现象。

成功的职业生涯规划实施是根据自身实际情况、社会发展需求、爱好特长等制定职业发展目标，并通过自身努力和对职业生涯规划的调整做出的切实可行的手段。高职生职业价值观的科学养成，能让高职生对职业生涯规划中的职业价值有清晰的认知，能根据社会压力和自身需求做出适时心态调整，并坚持自己的职业价值观。高职生的职业价值观影响着对自身、社会、未来的发展目标，即影响着高职生职业生涯规划的制定与实施，甚至决定着高职生职业生涯规划的成功与否。

3. 高职生职业生涯规划中职业价值观的缺失

在问及部分高职生为何选择高职院校时，不少学生坦言“自己没有想过上高职，没有考上本科院校，家长让上的”“学习不好，上高职就是为了找个工作，将来混口饭吃”等；而在问及学生毕业后工作选择时，部分学生回答“听父母的安排”“随便找个工作就行”“没考虑过”等。学风建设更是亟待改进，不应该让上课迟到、早退、吃东西等现象随处可见。高职院校学生学习的成绩不甚理想，如笔者所在学校有些班级学生初次毕业率仅在70%左右。这些情况体现出高职生职业价值观的缺失。职业价值观缺失是指高职生的理想、信念、世界观还没有完全形成。

4. 高职生职业生涯规划中职业价值观的易变

职业价值观的易变主要表现在高职生在职业生涯规划过程中职业价值观的不稳定性。如一个高职生在职业生涯规划初期要通过自己的努力实现自己将来做老板的理想，在经过挫折后便一蹶不振，丧失了生活自信，进而改变了自己的职业价值观。通过职业生涯规划科学教育，可以在职业生涯规划实施过程中有效调整自己的职业价值观，如职业生涯规划初期要实现很高的年收入，随着自己年龄的增长、成熟度增高，开始考虑自己的能力，把最初目标定位开始下调，直到自己能够接受为止。这体现了高职生职业生涯规划中的职业价值观是容易改变的，随着高职生职业生涯规划的实施，职业价值观变得更加务实、更加正确。

（四）高职生职业生涯规划中职业价值观教育主要路径研究

高职生进入社会前树立正确的职业价值观，对高职生职业选择、职业定位、职业发展具有重要作用，对高职生就业及社会稳定发展具有重要作用。在高职生职业规划中加强职业价值观的树立对高职生职业发展具有重要指导作用。

1. 加强高职生职业生涯规划教育中职业价值观的树立

高职院校主要培养技术精、懂管理、有较高职业素养的技术人才。学生从进入高职院校的第一天起便以学习技术为主，通过高职院校的学习，尤其是专业的学习，让高职生对今后的职业发展逐渐清晰，而职业价值观的形成也是在大学阶段，高职生职业生涯规划也是在大学期间制定并开始实施，在一定程度上高职生的职业生涯规划与职业价值观的树立具有同步性。为此，在大学期间树立高职生职业价值观对其职业生涯规划的制定与实施具有重要作用。

高职生职业生涯规划教育需要将职业价值观的主客体相结合，帮助高职生从自身的优势出发，发现职业理想和目标，从职业发展角度做好未来人生规划。引导学生在制定职业发展时要立足专业的学习，放眼未来，把“干一行、爱一行”的个人价值和社会价值有机结合。为此，在高职生读书期间要加强其职业道德教育、就业观念教育，培养学生的合作意识与合作能力，力争在大学期间帮助高职生树立正确的职业价值观，从而促进高职生职业生涯规划的有效实施。

2. 加强高职生职业生涯规划影响因素的建设

影响高职生职业生涯规划因素很多，这里主要指辅导员（班主任）、家庭因素、学校职业指导课程设置、专科教师、自己身边同学、学校的文化活动等。

加强校园文化活动建设，重点进行能锻炼学生专业素养、职业素养、综合能力提升的文体活动，如技能大赛活动、专业设计活动、社会实践活动等文体活动，继续加大校园文化活动对职业发展的影响，加大校园文化活动对其职业价值观树立的影响。根据数据分析，要进一步提升辅导员（班主任）、专业课教师的影响力，尤其是辅导员（班主任）的影响力，因为辅导员（班主任）是高职生思想政治教育的重要实施者，对高职生的思想政治教育、价值观的形成具有重要的引导作用，通过辅导员（班主任）的教育引导，帮助学生树立正确的价值观，结合专业指导教师共同帮助学生树立正确的职业价值观，进一步科学指导高职生职业生涯规划。学校职业指导课程对高职生职业生涯发展的影响排在中间，职业指导课程对高职生的职业生涯发展作用并不是非常大，为此，高职院校要进一步加强高职生职业指导课程的教学改革，发挥课程对高职生职业发展的作用，加大课程建设的师资投入。

总之，高职生职业价值观的养成和职业生涯规划的制定与实施相互作用，互促共进。高职生职业价值观影响着高职生职业生涯规划的制定与实施，是高职生职业生涯规划成功的重要保障。但是，高职生职业生涯规划教育对高职生树立正确的职业价值观也具有重要作用，职业生涯规划教育可以帮助高职生树立清晰的职业发展目标与职业前景，帮助高职生准确自我认知，科学评估个人实际情况与社会现实之间的差距，帮助高职生找准职业定位，探索潜在的职业发展机会。职业生涯规划教育是高职生职业价值观养成的重要途径。

八、高职生职业生涯规划导向创新创业教育

科学制定高职生职业生涯规划有利于高职生学业完成、职业发展、自我实现等。高职生职业生涯规划对学生创新创业教育具有促进作用。目前，高职生职业生涯规划存在学生认识不清、学校重视程度不够、职业规划教育体系不完善等现象，导致学生创新创业教育流于形式、创新创业教育体系不完善，进而影响高职生的充分就业。通过职业生涯规划实现高职生自我认识、职业认知、环境营造、职业定位、职业规划实施、职业规划评估与调整，构建高职生职业生涯规划导向创新创业教育体系，实现高职生科学制定职业生

涯规划，以创业带动充分就业。

职业生涯规划就是对职业生涯乃至人生进行持续的系统的计划的过程。一个完整的职业生涯规划由职业定位、目标设定和通道设计三个要素构成。高职生职业生涯规划是指高职生在校期间对未来职业进行总体规划，高职生根据个人的兴趣、能力、学识、性格等多种因素明确职业发展方向。高职院校的不断发展壮大，高职毕生生日益成为社会发展的不可或缺人才，高职生制定科学的职业生涯规划是促进其完成学业、走向工作岗位的重要因素，高职生进行创新创业教育，以创业带动就业是高职生职业生涯规划的重要组成部分。目前，高职生创新创业教育体系仍然不够完善，要想高职生创新创业教育取得实质性的效果，必须从学生个性化发展诉求出发，结合职业生涯规划来推动创新创业教育的开展，促进就业，从根本上改变我国传统教育观念，并争取突破和创新。高职生职业生涯规划对创新创业教育有着促进作用，把创新创业教育理念、创业实践融入职业生涯规划教育中有助于高职生科学有效实施创业计划。

（一）高职生职业生涯规划导向创新创业教育的作用

教育部早在2010年发布《关于大力推进高等学校创新创业教育和大学生自主创业工作的意见》（教办〔2010〕3号），要求将创新创业教育贯穿于高校人才培养的全过程，为高校创新创业教育的深入开展奠定了坚实基础。2015年国务院办公厅印发《关于发展众创空间推进大众创新创业的指导意见》，部署推进大众创业、万众创新工作，对创新创业又提出了更高的要求。要推动高职生创新创业教育发展需要职业生涯规划导向。高职生职业生涯规划导向创新创业教育需要高职生在学校期间制定完善的职业生涯规划，把创新创业教育融入职业生涯规划，分阶段、分层次进行职业生涯规划导向创新创业教育，使职业生涯规划和创新创业教育紧密联系。

1. 实施高职生职业生涯规划导向有利于创新创业教育职业定位

目前，高职生的升学种类有普招、提前招生、对口招生等入学类型，造成高职生入学成绩参差不齐、入学目标各有异同、就业选择不尽一样等现象。

高职生入学后对自己的学习目标不清晰，对所学专业毕业后的用途不了解，对将来要具体做什么缺少规划。高职生进行职业生涯规划有助于其学业指导、职业发展，可以帮助其确立自己的职业目标，了解实现职业目标需要的能力，有序实现自己的职业目标等。创新创业教育作为高职生职业生涯规划的重要组成部分，在其职业生涯规划发展中占据重要地位。

2. 实施高职生职业生涯规划导向有利于创新创业教育体系构建

高职院校进行创新创业教育体系不健全，内容不完善。高职院校为响应国家创新创业教育号召，存在不分对象、不分阶段、不分专业等一股脑地实行创新创业教育，造成流于创新创业教育形式，过于重视创新创业教育理论，忽视创新创业教育实践。如邀请企业创业成功人士进校对所有学生讲座，开展创新创业教育课程，进行创新创业教育训练、模拟、仿真等，在没有充分了解学生自我职业选择的情况下做了很多创新创业教育的事情，但是创新创业教育的效果不明显。原因在于学校在进行创新创业教育的过程中没有和学生的职业生涯规划紧密联系，没有实施职业生涯规划导向的创新创业教育，没有根据学生职业生涯规划有步骤、有层次、有阶段地进行创新创业教育等。实施职业生涯规划导向创新创业教育必须建立健全创新创业教育体系，完善创新创业教育内容，才能有针对性地提升高职生创新创业教育实效性。

3. 实施高职生职业生涯规划导向有利于创新创业教育有效实施

高职生创新创业教育有效实施离不开职业生涯规划的导向。高职院校虽然进行了创新创业教育，但是创新创业教育存在过于共性缺少个性、过于理论缺少实践等逻辑性不强、教学效果不明显的现象。实施高职生职业生涯规划导向创新创业教育，可以根据高职生职业生涯规划发展路径科学地实施创新创业教育，如在大一到大三期间有步骤、有顺序、有逻辑地，由易到难、由模仿到实践、由校内到校外进行有效的创新创业教育。根据职业生涯规划的内容和实施步骤进行创新创业教育，创新创业教育效果才能明显提高。

（二）高职生职业生涯规划导向创新创业教育的现状

职业生涯规划与创新创业教育是紧密联系，不可分割的，两者相互作用，互促共进。但是，高职生职业生涯规划导向创新创业教育现状不容乐观。主要表现在职业生涯规划导向内容不实、导向阶段脱节、导向对象共性等，导致创新创业教育不理想，创业成功率低下等。

1. 导向内容过于虚化，导致创新创业教育难落实

高职生职业生涯规划在自我认知、职业认知、环境营造、职业定位、规划实施、规划评估与调整内容过于课本化、理论化，在导向创新创业教育方面一味按部就班，不能灵活应变。在高职生职业生涯规划过程中导向的创新创业教育内容显得零星化、理论化，如高职生创新意识、创业能力的提高过于注重课本教学、理论教学，学生创业实践机会较少；创业课程开发千篇一律，切合学生实际、学校实际的教材较少；创业平台过于形式化，诸多高职院校创业园成为对外摆设，不能真正成为创新创业教育的实践平台；创新创业教育内容偏离专业，使得创业内容质量不高等。职业生涯规划和创新创业教育的分离，导向不能有效对接等，在职业生涯规划过程中创新创业教育成为摆设，不能有效进行创新创业教育的实施。

2. 导向阶段过于脱节，导致创新创业教育不连贯

创新创业教育是一个系统工程，创新创业教育的初始目标、能力需求、过程实施等需要职业生涯规划有效导向。目前，高职生职业生涯规划内容中涉及的创新创业教育内容不多，在职业生涯规划的实施过程中融入的创新创业教育内容不成体系，创新创业教育内容不能紧跟职业生涯规划中的自我认知、职业认知、环境营造、职业定位、规划实施、规划评估与调整等，导致创新创业教育不能紧跟职业生涯规划导向。创新创业教育不能在职业生涯规划的不同阶段有序进行，使得创新创业教育过于形式化、模块化，前后不连贯，进而创新创业教育不能有效实施。如在职业生涯规划教育过程中只提创新创业教育案例，缺少教育案例分析；只提创新创业教育的需要内容，缺少

职业生涯规划过程如何认知、提升创新创业教育学习内容等。

3. 导向对象过于共性，导致创新创业教育缺个性

高职生进行职业生涯规划是其走向职业成功的重要因素。每个高职生职业生涯规划内容都不一样，职业生涯规划导向的创新创业教育却是一样的。同时，高职生并不是都适合创业，只是部分学生适合创业。所以，不同的职业生涯规划导向相同的创新创业教育过于共性，不能体现高职生的个性化创新创业教育。在进行创新创业教育过程中要考虑自己是否真的适合创业，不适合创业的学生要调整自己的职业生涯规划，适合创业的学生在进行创新创业教育过程发现问题要及时解决、科学调整。

（三）高职生“六划六段”职业生涯规划导向创新创业教育

高职生职业生涯规划导向创新创业教育体系构建必须从高职生善于动手、乐于实践的方面出发，以技术发展为核心的职业生涯规划导向创新创业教育。体系构建要着眼于高职生“全方位、全过程、全员、专业化、信息化”，使创新创业教育融入高职生职业生涯规划中，职业生涯规划要以创新创业教育为导向，体现职业生涯规划导向的阶段性、过程性、循序渐进性，实现职业生涯规划导向创新创业教育科学合理。

1. 高职生“六划六段”职业生涯规划导向创新创业教育概述

高职生职业生涯规划导向创新创业教育是其进行创新创业教育的重要手段，是创新创业教育落实的重要前提。笔者根据高职生在校职业生涯规划、学习年限建立了“六划六段”职业生涯规划导向创新创业教育体系。高职生职业生涯规划过程中的自我认知是创新创业教育的基础阶段，主要针对大一第一学期；职业认知是创新创业教育的萌芽阶段，主要针对大一第二学期；环境营造是创新创业教育的培育阶段，主要针对大一大二学年；职业定位是创新创业教育提升阶段，主要针对大二学年；规划实施是创新创业教育实践阶段，主要针对大二大三学年；规划评估与调整是创新创业教育发展阶段，主要针对大三学年。

2. 高职生“六划六段”职业生涯规划导向创新创业教育实践

高职生“六划六段”职业生涯规划导向创新创业教育是促进学生自我发展的基础，是实现创业带动就业的重要途径，是进行创新创业教育的重要手段。该体系构建以学生创新创业教育为抓手，通过职业生涯规划导向积极推动高职院校完善创新创业教育体系，不断促进高职生把创新创业教育融入职业生涯规划，有目的、有计划、有步骤、有调整地进行创新创业教育，实施自己的职业生涯规划。

（1）自我认知，进入创新创业教育基础阶段。

高职生进入大学后，首先要做的就是对自己有个全面的分析，认清自我的优势、劣势、机遇、威胁等，对自我有一个清晰的认识，看自己追求的是什么，看自己是否具有创业想法、创业所具备的能力等。引导高职生进入创新创业教育的基础阶段。高职生通过职业生涯规划的理论知识，分析内在自我、外在自我，进行自我性格测试与价值取向测评、普及职业生涯规划知识等，发现真正自我。此时，有创业想法的进入创新创业教育的基础阶段，会主动重视创新创业教育。

（2）职业认知，进入创新创业教育萌芽阶段。

职业认知是职业生涯规划中的重要组成部分，没有清晰的职业认知就难以有清晰的职业生涯规划，职业认知也是鼓励高职生进行创新创业教育的动力所在，在了解自己专业内容基础上，对行业职业有个大体认识，这个阶段主要集中在大一第二学期。高职生通过职业生涯规划进行职业兴趣测试、职业能力测试，这里把创业作为职业的一种，高职生通过职业测试后发现自己的职业兴趣，职业所需能力、技巧、知识等，高职生会主动学习职业相关的知识，提高对应能力。创业作为高职生职业发展的一个方向，高职生会在创新创业教育基础阶段之上产生创业想法，此时进行创新创业教育，高职生的兴趣会比较浓厚。经过两年的高职生活，学生学习了专业相关的基础知识，也基本适应了高校的生活，创新创业教育的萌芽阶段也基本形成。

（3）环境营造，进入创新创业教育培训阶段。

环境营造不等同于环境认知，环境营造建立在环境认知之上。环境营造是高职院校开始引导高职生进入创新创业教育的模拟环境，主要集中在大一大二学年，重点在大二学年。高职院校以浓郁的创业文化来影响学生，比如大一进行的创新创业教育通用知识、创业社团的招新、创业园的参观等，大二进行的创业实践课程、创业社团逼真模拟、创业园的项目实践等使其进一步对创业感兴趣，会主动接受创新创业教育，此时便进入了创新创业教育培训阶段。此阶段主要集中在大二学年，在学生对专业基础知识了解的基础上进行，避免学生完全脱离专业的创新创业教育。创业环境的营造与学校开展思想政治教育、第一第二课堂教学紧密结合，引导高职生塑造正确的创业价值观和科学职业规划。创业环境营造还要注重顶层设计的政策支持和创新创业教育宣传，政府层面、学校层面出台鼓励高职生创业政策，通过网络、新闻媒介等多媒体宣传创新创业教育内容，开展创新创业教育各类竞赛等多方面丰富创新创业教育文化氛围。

（4）职业定位，进入创新创业教育提升阶段。

高职生职业定位是创新创业教育的提升阶段，也是创新创业教育效果较为明显的阶段。职业定位是职业规划的核心，也是在自我认识、职业认知、环境营造基础之上确立的。职业定位明确了高职生是否进行创业的选择，明确创业的学生在学习创新创业教育理论知识与实践知识的时候方向极为鲜明，对这类学生来讲进入了创新创业教育的提升阶段。创新创业教育基础知识是针对每个高职生而言，创业选择是针对适合创业学生而言，通过创新创业教育前面几个阶段之后最终适合创业的学生就是创新创业教育目标所在。高职生在开始的职业生涯规划中较为朦胧，规划设计较为随意，通过一系列的创新创业教育学习之后才会发现自己是否适合创业，学校才会进一步有针对性地进行创新创业教育。

（5）职业生涯规划实施，进入创新创业教育实践阶段。

职业生涯规划实施即高职生大一制定职业生涯规划后就开始实施，主要落实在大二大三学年，目标在于实现自己在校期间的学业目标，为将来职业目标打下基础，即进入创新创业教育的实践阶段。此阶段目的在于提升高职生创新意识、提高创业能力，锻炼良好的创业心理品质，培养学生良好的创业基础。创新创业教育鼓励学生参加各类创业技能大赛，老师引导学生参与创业社团建设，搭建校企合作的创业平台等，此阶段不是停留在创新创业教育理论之上，而是以实际行动进行创新创业教育。主要结合学生专业在参与校内创业项目的同时走进企业，与企业开展深度合作，注重专业教育，了解市场需求，学生创业视野要与社会需求对接，在创新创业教育实施阶段，政府、学校、社会要为学生提供创业项目、创业资金、创业平台等，让学生有一个良好的创新创业教育实践阶段。

（6）职业规划评估与调整，进入创新创业教育发展阶段。

在职业生涯规划中职业规划评估与调整是高职生能否实现职业生涯规划目标的关键所在，也是高职生创新创业教育进入发展阶段，主要在大三学年。高职生在职业规划的自我认识、职业认知过程中的理论测评和实际的能力锻炼是有差距的，在职业生涯规划实施的过程中会发现自己的职业目标、职业定位、职业能力等会有错乱，不适应自己最初确立的职业目标，如最初职业目标是创业的学生经过创新创业教育的几个阶段后发现自己的创业内容不适合自己或者自己根本就不适合创业，最初职业目标不是创业的学生经过创新创业教育后发现自己非常适合创业等现象都是有可能存在的，对这类学生要及时进行职业评估与调整。职业规划评估与调整之后的高职生即将走向工作岗位或继续求学的道路，对于目标是创业的学生已经是进入了创新创业教育的发展阶段，这个阶段之后就是走向社会完成自我检验。

（四）高职生职业生涯规划导向创新创业教育关键要素

影响高职生通过职业生涯规划提升创新创业教育能力和创业成功率的要素很多，其中师资队伍、课程思政、平台搭建显得尤为重要。

师资队伍。师资队伍的建设对高职生职业生涯规划教育提升创新创业能力有着重要的引导作用，以职业生涯规划教育提升创新创业能力对师资队伍的要求较高，要求师资不仅要掌握职业生涯规划教育知识，还要熟知创新创业教育内容，要求老师具有跨界跨专业的能力，只有优秀师资队伍才能引导好职业生涯规划到创新创业教育的导向。

课程思政。职业生涯规划、创新创业教育都要具备正能量，通过职业生涯规划教育导向创新创业教育的不同阶段，课程思政对高职生的发展具有核心作用，引导高职生发展自己、服务社会，具有社会担当的精神，让课程思政贯穿于职业生涯规划导向创新创业教育全过程，才能实现高职生自我发展。

平台搭建。高职生职业生涯规划导向创新创业教育的关键在平台搭建，在理论教育基础上搭建职业生涯规划咨询室、创新创业教育的实训基地对职业生涯规划导向创新创业教育具有重要的助推作用。可以把两个平台融合一起，让职业生涯规划咨询室作为创新创业教育的一个重要支撑平台，在此基础上建立校内、校外创新创业教育基地，在校内建创新创业教育的创业工作室、创业模拟室、项目研发中心等，在校外依托政府、行业、企业建立创业项目试验中心、创业基地、孵化基地等。

“六划六段”高职生职业生涯规划导向创新创业教育是进行创新创业教育的一个重要途径，是提高高职生创业率和创业质量的一个重要手段。创新创业教育是一个长期过程，需要科学职业规划导向，也需要政府、学校、社会的支持等。只要高职生有科学的职业规划、明确职业目标、有必胜的创业信心等，通过职业生涯规划导向创新创业教育必定开启高职生自我发展的新道路。

九、职业生涯规划教育提升高职生创新创业能力

高职生创新创业能力从短期的求职能力和长期的职业发展能力两个方面来界定，指在激烈竞争的职场中找到适合自己的工作岗位，并能随着岗位对职业能力提出新的要求，能积极地做出自我调整和自我增值，并最终实现个人职业生涯发展和帮助单位可持续发展的能力。[①] 根据高等职业教育人才培养，高职生职业发展，把创新创业能力定义为外在的职业规划、家庭背景、

① 庄娟瑜．基于职业生涯规划的高职学生就业能力提升对策研究——以福建水电学院为例[D]．华侨大学，2016.

人际关系，内在的专业能力、创新能力、社会责任、学习能力、团队合作、动手能力、就业态度、身心健康、管理协调能力等12类。职业生涯规划教育对高职生创新创业能力提升具有正向作用，把高职生创新创业能力融入职业生涯规划教育中，通过职业生涯规划教育提升高职生创新创业能力。

（一）职业生涯规划教育在提升高职生创新创业能力中的作用

通过职业生涯规划教育提升高职生创新创业能力，实现其充分就业是有效解决高职生就业的前提和保障。加强高职生职业生涯规划教育，帮助其早日发现职业取向，早日进行自我认知、环境认知、职业认知是提升高职生创新创业能力有效办法和重要手段。

1. 有助于职业定位，厘清发展方向

加强职业生涯规划教育有助于高职生明确发展方向。高职生学习职业教育的初衷是掌握一门技术，有一个好的就业岗位。但是，高职生入学后到底学什么、为什么学、怎么学，往往不清晰。根据麦克斯调研数据，高职生就业后存在着跳槽率高、专业对口率低的现象，也证明高职生对自己的职业发展定位不清、职业发展模糊等现象。职业生涯规划教育能帮助学生厘清工作定位、明确发展方向，通过职业生涯规划教育的专业测试、专业指导，帮助学生了解自己追求什么，为什么追求。只有明确的自己的发展方向才能有明确的学习目标、学习动力、就业方向，同时也促进学校教育教学管理，促进职业教育发展。

2. 有助于开发职业潜能，提升获得工作的能力

加强职业生涯规划教育有助于高职生在求学期间提升获得工作的能力。高职生只有明确自己的发展方向后，才会更有针对性地学习，提升自己获得工作的能力。高职生会根据发展方向提高了解职业环境、工作内容、工作所需要的能力，高职生同样需要了解工作岗位的晋升空间，在学习过程中会有选择性地学习专业理论知识和实践知识。

3. 有助于职业调整，保持工作状态

加强职业生涯规划教育有助于高职生保持稳定的工作状态。高职教育的

根本任务是将学生培养为准职业人，其本质即为从业教育或岗位教育。因此，高职教育应该把帮助学生就业作为其导向，把培养学生能力作为其主线。① 高职生工作后频繁跳槽现象的出现其原因之一是自己的职业生涯规划教育没有做好，没有对自己做好全面评估，对职业环境了解不够。职业生涯规划教育可以帮助高职生在就业之前根据自身情况与工作职位进行精准的匹配，帮助其了解自己，了解职业岗位，让高职生就业后不会轻易放弃最初的选择，能帮其与社会提前对接。遇到问题后会根据职业生涯规划教育的职业调整朝着自己的备选方案路线发展，备选路线同样是最初选择的方向之一，让高职生感受到工作调整是正常现象，是职业生涯发展的内容之一，这样更有助于高职生保持稳定的工作状态。

（二）职业生涯规划教育提升高职生创新创业能力的现状

现有的高职院校职业生涯规划教育过程中存在着直接为就业作准备的现象，其教育过于功利性，忽视职业生涯的过程指导；在教学过程中教材过于共性，缺少专业知识的融入，重视理论教学忽视实践指导；对不同升学种类的学生进行统一指导，缺少分类教学、分类指导的诉求等现象，不利于高职生创新创业能力提升。

1. 过于功利教育，缺乏全程指导

加强职业生涯规划教育提升创新创业能力是一个系统工程，创新创业能力提升的效果体现比较慢，体现形式也比较难以量化，造成职业生涯规划教育过于功利性，导致学生重视眼前利益忽视长远发展。只在教学过程中完成规定课时或象征性的讲座等，只针对学生一时教育，没有把教学过程进行前移和后续跟踪，没有把教育内容形成系统性，在教育的时间上、内容上缺乏全程指导，把创新创业能力的内容有序融入指导过程之中。

2. 过于理论教育，忽视实践指导

职业生涯规划课是理论与实践并重的一门课程，在教育过程中需要实践

① 吴姗娜．论以就业能力培养为目标的职业生涯教育［J］．职教论坛，2011（2）：71－73＋75.

检验理论指导，在实际教学中过于重视理论教学、课堂教学，忽视了实践教学。在实践教学过程中缺少职业指导咨询室建设，缺少职业指导师的实践指导，缺少实践课程的锻炼。做到“理实并重”是职业生涯规划教育的教学要求，在职业生涯规划教育过程中一定要用理论引导学生学会职业生涯规划，用实践检验职业生涯规划的教育实效性，尤其是创新创业能力的提升需要实践指导才能有针对性地提高。

3. 过于共性教育，缺乏个性指导

职业生涯规划教育对象具有个性化、本土化的特性。目前，高职院校存在着面对入学种类差异、求学目标不一、专业不同的学生采用同一门教材、同样的教学内容、同样的教学方法等情况，忽视了学生个性发展。习近平总书记在《之江新语》中指出：“人，本质上就是文化的人，而不是‘物化’的人；是能动的、全面的人，而不是僵化的、‘单向度’的人。”这就要求职业生涯规划教育要根据学生的实际情况、融入专业等，采取适合本校学生的教材、教学方法进行个性化、差异化的教育，才能有针对性地指导学生创新创业能力提升。

（三）职业生涯规划教育提升高职生创新创业能力的路径分析

高职生的职业生涯规划教育具有长期性、连续性、动态性，是长期教育工程。

1. 社会主义核心价值观引领职业生涯规划教育，用非功利化教育提升高职生创新创业能力

在高职生人才培养目标上社会主义核心价值观和职业生涯规划教育是一致的，将个人理想与社会理想相统一，个人行动融入社会发展相统一。将社会主义核心价值观内容融入职业生涯规划教育的各个环节中，融入教学目标、课堂教学、实践教学中去，引导学生职业目标选择，树立良好就业观，养成良好心理素质，面对职业发展过程中出现的挫折能正确、冷静处理，增强高职生认识自己肩负的历史责任和神圣使命，重视长远发展，把责任和使命融

入职业价值观的形成，实现职业生涯规划的可持续发展，提升创新创业能力，实现自己的人生价值。

2. 加强职业生涯规划教育理论，重视校内外职业生涯规划的实践指导

职业生涯规划教育理论与实践对高职生创新创业能力提升具有同等重要作用，要做到理实并重。理实并重指理论和实践在高职生职业生涯规划过程中同等重要，理论和实践要贯穿高职生在校期间，即从入学教育到首次就业。理论指导指与高职生职业生涯规划紧密相关的专业知识引导、心理健康指导、思想政治教育等，实践指有助于实现高职生职业生涯的各类具体实践活动，包括校内和校外的各种提高自身综合素质的实践活动。① 在进行理论教育的同时，学校要搭建好职业测评工作室，工作室建立与校内外合作，融入更加专业的测评软件和平台，准确了解学生的职业认知、能力测评、自我了解、职业环境认知等，然后通过校内外的实践教学，如企业顶岗实习、校内职业生涯规划大赛、创新创业教育等平台检验自己的测评情况。学校开通毕业生的跟踪途径，做到理论教育、实践指导、过程跟踪、效果反馈的教育模式。

3. 创新创业能力内容融入职业生涯规划教育，全面提升高职生创新创业能力

把创新创业能力融入高职生职业生涯规划教育全过程，主要是时间和空间（内容）。时间上指职业生涯规划教育要与学校的现代学徒制人才培养相联系，在招生（招工）阶段对高职生职业生涯规划和创新创业能力进行测试，进入学校之后，进一步依托校企深度合作，指导高职生职业生涯规划教育和创新创业能力指导，毕业后基于跟踪学生职业发展，检验职业生涯规划教育效果。内容上指把职业生涯规划课写入人才培养方案，职业生涯规划教育与专业联系，把创新创业能力融入教学内容中，如通过职业生涯规划教育提升高职生的核心能力和职业通用能力，通过校企合作、顶岗实习，让学生早日与企业工作环境对接，了解企业文化、述职专业在工作岗位中的作用等。利

① 李兵．“理实并重、全程辅导”高职生职业生涯规划体系建设研究［J］．河北能源职业技术学院学报，2015（3）：9－10＋15．

用校园文化活动、各类技能比赛等，在比赛中融入创新创业能力工作内容，如在职业生涯规划大赛中把高职生创新创业能力作为一个重要测评指标，在技能比赛中把职业岗位的适应性作为重要考核内容等。只有在时间和内容上把创新创业能力全面融入职业生涯规划教育，才能更好提升高职生创新创业能力。

4. 推进适合自己学生发展的职业生涯规划教育，有针对性地提升高职生创新创业能力

高职生入学种类较多，学生的入学成绩、入学目的、学习动机等都存在着较大差异，不能采用统一的教材和教学模板。学校要根据自己学校的建设情况，结合不同专业的学生，把专业教育融入职业生涯规划教材中，教学案例多采用本校的或地方内容，这样更能促进学生的学习积极性和自我发展的激励性。在学生入学之初组建职业指导教师队伍测评学生的专业发展方向和就业前景，针对以就业为目标、继续升学为目标的学生采用分类教学，并由指导教师逐个跟进了解、分析、测定和总结每一个学生期待的发展方向和职业向往，让学生通过专业学习进行准确的职业认知、定位，了解自身的优势、不足、改进措施等，促使其初步科学制定自己的职业生涯规划，在职业生涯规划实施过程中，逐步培养和提升个人能力，尤其是以就业为目的的创新创业能力。职业生涯规划教育内容与时代发展同步，教材内容和案例更新频繁，随着新的职业的出现对创新创业能力的要求也不断变化。只有建立适合自己学校学生发展的职业生涯规划教育才能更好地制定高职生职业生涯规划、提升创新创业能力、实现全面发展。

十、职业价值观教育提升高职生创新创业能力

职业价值观教育影响高职生创新创业定位，影响高职生的创新创业质量、职业规划与发展等，创新创业能力在一定程度上是职业价值观教育的体现。鉴于职业价值观与创新创业能力的正向作用，研究职业价值观教育对创新创业能力提升、发挥职业价值观的正向作用具有推进作用，对提高高职生创新创业竞争力、创新创业质量、职业规划等具有重要指导意义。

（一）高职生职业价值观教育提升创新创业能力存在的问题

高职生职业价值观教育对高职生创新创业能力提升的影响因素是多方面的，高等职业教育的办学方向、生源的多样化、学校的教育者、教育手段、用人单位对毕业生的认知等都影响高职生职业价值观教育，影响高职生创新创业能力提升。职业价值观教育对高职生创新创业能力提升的影响也显而易见。

1. 职业价值观教育提升创新创业能力的手段单一

职业价值观教育是一个系统过程，不能割裂或单独地进行教育，要潜移默化地融入高职生的内在教育。目前，高职院校过于强调专业知识教育，脱离了学生的职业理想、信念和抗压教育；过于强调教师的教学方法和授课技巧等，脱离了分析高职生学习能力差异以及学生的学习现状；过于强调基础管理，脱离了高职生自发需求、职业规划教育规律等。创新创业能力的提升要融入职业价值观教育，职业价值观教育要根据时代发展、高等职业教育规律、学生实际情况等，创新教育方法和手段。

2. 生源多样化对职业价值观教育提升创新创业能力提出了新要求

高职生生源种类较多，目前主要有提前招生、对口招生、注册入学、3＋3合作办学等招生种类，2019年部分学校又增加了社会招生种类。招生种类的多样性带来了高职生职业价值观的多样性、创新创业目标的多样性及创新创业能力的参差不齐。入学生源种类的差异必将导致不同生源的学习成绩有较大差异，也造成了学生的职业价值观不同，为此，在进行高职生职业价值观教育时采用的方法、手段也不能一概而论。面对职业价值观追求的差异、创新创业能力的差异，如何通过职业价值观教育提升创新创业能力面临着巨大的挑战，对提升高职生创新创业能力的方式、手段都提出了新的要求。

3. 区域差异化对职业价值观教育提升创新创业能力提出了新问题

地域不同，出生和成长背景也不同，学生受父母影响和社会影响造成职业价值观认识也不同，大部分高职生求学的目的就是为了找一份工作养活自己，对职业价值观缺乏清楚的认知，没有坚定、长远的职业发展目标。职业价值观的认知不同导致了创新创业能力的差异，使高职生在校期间只注重于专业知识学习，忽视了人际关系、学习能力、实践能力的培养。

4. 家庭、社会对职业价值观教育提升创新创业能力的观点不尽一样

国家对高等职业教育办学日益重视，全国高职高专院校共计 1423 所，其中：公办高职高专院校 1098 所，民办高职高专院校 322 所，中外合作办学高职高专院校 3 所。国家先后印发《国务院关于大力发展职业教育的决定》（国发〔2005〕35 号）、《国家中长期教育改革和发展规划纲要（2010—2020 年）》、《国务院关于加快发展现代职业教育的决定》等文件突显国家对职业教育发展的重视程度。但是，高职毕业生的社会认知和家庭对子女的期望并没有与职业教育发展同步，没有把高等职业教育作为自己的追求目标，而是因为学习成绩等因素不得已的选择。社会、家庭对高职毕业生的需求等因素，必定影响了高职生的职业价值观的教育和认知，影响高职生的创新创业选择，影响高职生创新创业能力培养。在调查数据中认为对高职生职业价值观教育影响创新创业能力提升的因素最重要的正是来自家庭的影响，所以，提高社会、家庭对高等职业教育的办学认知度也是提高高职生职业教育和创新创业能力的一个重要方面。

（二）加强高职生职业价值观教育提升创新创业能力路径分析

根据高职生对职业价值观和创新创业能力认知及二者的影响关系可以发现，职业价值观教育对创新创业导向有着正向作用。重点从影响职业价值观教育和创新创业能力提升的因素出发，以社会主义核心价值观引领职业价值观教育，把职业价值观教育内容融入创新创业能力提升中去，从学生认知、家庭引导、学校教育、社会重视、国家支持等层面加强高职生职业价值观教育提升创新创业能力。

1. 以社会主义核心价值观统领影响高职生职业价值观教育提升创新创业能力的因素

习近平总书记在讲话中指出，核心价值观承载着一个民族、一个国家的

精神追求，是最持久、最深层的力量。广大青年学生要从现在做起，从自己做起，勤学、修德、明辨、笃实，使社会主义核心价值观成为自己的基本遵循，并身体力行大力将其推广到全社会去，努力在实现中国梦的伟大实践中创造自己的精彩人生。社会主义核心价值观要统领家庭教育、学校教育、社会教育等全方面教育，通过全方位正确引导高职生职业价值观教育，能够避免高职生的非理性职业价值观教育对创新创业能力的引导，能结构性地提高高职生创新创业能力，能帮助他们正确处理国家、集体、个人三者关系，能引导高职生树立正确的职业信念、职业理想，把这种信念与理想融入创新创业能力中，为社会提供爱国敬业、德艺双馨的高技术技能人才。

2. 家庭引导教育，为职业价值观教育提升创新创业能力打下基础

学生是来自农村还是城市、父母学历的高低、工作经历是否丰富、家庭经济条件是否富裕等因素，对职业价值观教育影响创新创业能力提升的占比最高，说明家庭背景对学生的成长尤为重要，对学生的职业价值观影响非常大，这就是为什么出现几代人工作于同一单位，几代人都创新创业于同一行业的现象。有研究结果表明，虽然具有不同家庭背景的高职生对职业价值观个别维度的重视程度存在差异，但是对职业价值观各维度的重视程度排序总体上是相当统一的。[①] 家庭教育中最重要的就是家庭文化，家庭文化对大学生的影响是潜移默化的。子女要做到对家庭文化的继承与发扬，家庭教育一定要体现良好的职业价值观，要摒弃享乐主义，将家庭的优良传统和现代化教育相结合。要引导学生合理消费，树立正确的价值观和创新创业心态。要教育学生客观看待收入与财富的增长、兴趣爱好与创新创业的关系、工作稳定与工作环境的关系。父母应尽力经营好自己的婚姻、尽量保证家庭的完整性，营造相亲相爱、其乐融融的良好家庭氛围等。所以在家庭教育中应重视职业价值观的内容、创新创业能力的内容，潜移默化地影响学生的职业价值观形成和对创新创业能力的认知。在教育过程中家庭更要对高等职业教育有客观

① 解鹏，李健宁. 家庭背景对高职生职业价值观影响的实证研究［J］. 四川教育学院学报，2019（5）：22－24.

理性的了解，如果孩子喜欢学习技术，要根据实际情况鼓励孩子就读高等职业学校，专注于一门技术，培养精益求精的精神，走技术发展路线。

3. 国家政策支持，为职业价值观教育提升创新创业能力提供支持

现代职业教育是现代产业发展的重要支撑，也是培养高素质技能人才的必要保障。随着“中国制造2025”等国家战略的实施，职业教育已经成为“大众创新，万众创业”的重要助力，越来越受到国家的高度重视，发展职业教育甚至被提高到国家战略。在“双高计划”院校建设中明确提出要培养以习近平新时代中国特色社会主义思想为指导，全面贯彻党的教育方针，践行社会主义核心价值观，具有优秀的职业素养、创新精神、责任感、服务意识的高素质人才。国家职业发展对人才的需求离不开高等职业技术的需求，离不开良好的职业价值对人才的引导，离不开创新创业能力强的技术人才支撑，只有在国家政策支持下树立良好的职业价值观引导高职生创新创业能力提升才能为国家培养更多的高技术技能人才，才能培养出专业知识扎实、技术过硬、能力过强，具有精益求精、追求卓越品质的精神，能更好地服务国内产业发展，走向国际产业服务的高技术技能人才。

4. 社会认可度高，为职业价值观教育提升创新创业能力提供动力

社会对高等职业技术人才的认可，能鼓励学生进入高等职业院校学习，学习专业知识、掌握技术。同样，社会对职业技术人才重视了，关注度高了，高等职业技术发展才能更好，高职生职业价值观引导教育才能更全面，高职生创新创业能力才能充分体现。社会应该从社会地位、经济收入、社会责任、职业理想与信念等方面全方位引导高职生职业价值观的树立，促进创新创业能力提升。

5. 学校全方位教育，为职业价值观教育提升创新创业能力提供保障

从学校的师资队伍建设、校园活动引领、课堂教学、职业生涯规划教育等方面，为高职生职业价值观教育提升创新创业能力提供保障。

加强师资队伍建设。随着时代的发展，师资队伍建设必须跟上时代需求和职业价值观教育的需求，安排专业课教师担任班主任，辅导员进入专业教

学团队，让辅导员和专业课教师相互融合，并加大其外出培训机会、研讨机会等。加大校内教师和校外聘任教师的互动，鼓励教师走进企业，聘任企业技术管理人员到学校兼课和兼职管理人员。邀请校内外专家、知名人士、杰出校友等进校园、进课堂、进舍区，使职业价值观教育、工匠精神等走进高职生的认知、提升高职生的追求、感化高职生行动，起到教育内化于心、外化于行的积极引导作用。

丰富校园内外实践活动。校内活动和校外活动相结合才能让学生全面树立正确的职业价值观，才能全面了解创新创业能力，才能通过职业价值观教育提升创新创业能力。引导学生积极参加校内学生组织、社团组织等，鼓励学生主持、参与各类文体活动，如参加社会实践、志愿服务、研究协会活动等，让学生亲身感受职业价值观的无形引导，这样更能加深高职生对职业价值观的认知和对创新创业能力的理解。

重视“课程思政”建设。调查数据已经体现出“课程思政”建设的重要性，辅导员、专业课教师的重要性是非常明显的。在重视思政课教学的基础上加强“课程思政”教学是促进高职生职业价值观教育提升创新创业能力的有效手段。不同课程把职业价值观教育内容和创新创业能力内容融入专业知识教学中去。综合素养课程教学更加显性地促进职业价值观教育和创新创业能力教育，学生接受比较直接，但给学生留下的印象不够深刻，专科课程教学融入教育案例，对高职生职业价值观教育的领会更深刻，对创新创业能力的需求了解更具体。把专业教育和职业价值观教育有机融合，把专业课教学内容的显性和隐性教育运用于课堂教学，形成专业教育以育人为基础、专业知识学习为支撑的教育格局，能更好地通过职业价值观教育提升高职生创新创业能力。

6. 加强个人职业生涯规划教育，为职业价值观教育提升创新创业能力提供规划

职业价值观教育是在生活、学习过程中逐步确立的，创新创业能力是在生活、学习过程中不断提高的。大学阶段的职业生涯规划教育主要是教会学生开展自我评估、生涯机会评估、设计职业生涯目标和路径，根据职业生涯

规划进行学业规划并制定行动计划与措施。对高职生进行职业生涯规划教育可以使学生正确认识自我，了解社会，明确奋斗目标，增强自信心，提高学习自觉性，从而促成学生自我实现。[①] 职业价值观教育要融入高职生职业生涯规划教育全过程，在实施中体现出来，职业生涯规划进一步让学生明确创新创业能力的重要性，根据规划自觉认知创新创业能力，提升创新创业能力。

加强职业价值观教育提升创新创业能力涉及内容多、教育面广，面对高职生的学习、家庭、区域等差异化情况，加强高职生职业价值观教育提升创新创业能力的途径是多元化、差异化的，不能填鸭子式灌输，要因材施教，因人引导。只有树立正确职业价值观，高职生创新创业能力才能得到正确引导，才能提高高职院校人才培养质量。

① 欧勇芬. 提升就业能力视角下高职生职业价值观教育方法探析 [J]. 经济与社会发展，2010 (7)：152－154.

第五章　社团建设视域下高职院校创新创业教育

一、社团的内涵与发展

不同的法规和词典对社团有着不同的定义，以下列举几种解释作为参考。另外中外许多学者从不同的学科角度如社会学、心理学也对社团这一概念给予了不同的阐述。《辞海》将社团定义为：它是按照一定的章程，由社员自愿成立的不以营利为目的的社会组织。社会学认为：社团又可以称作协会，社团就是按照一定的社会关系形成的集体性组织。它是社会体系中的一个形态组织和成员集体活动的一种载体。社会学中将这种集体称之为一种群体。[①] 心理学角度认为：思想意识和行为举止上的联系和影响是群体的特征，特殊的一种群体组成了社团。[②] 美国研究者认为：社团可以比喻为社区的一个器官，是人为地组织起来实现一定的目的和作用。德国作家认为，社团成员有着共同的发展目标，经费自给自足，不将营利作为发展的目标，团队成员具有很强的流动性和松散性。

---

① 李健．大学生社团社会学角度之考察［J］．中国青年政治学院学报，2003（2）：108－112.

② 李宁．群体心理学［M］．广州：暨南大学出版社，2000.

国内专家学者经过充分的考察和论证，对社团较为公认的理解是：为实现一定的目标，以法律为基础，自觉自愿形成的非营利性的社会组织。这个定义也是目前较为公认和权威的理解，为大家所认可和接受。社团是生产力发展到特定阶段的产物，是一种社会性的团体组织形式。中国社团与其他世界文明古国社团产生的时间大致相同，社团发展历史源远流长，发展经历了三个历史阶段：即古代、近代和现代。春秋战国时期我国生产力迅速发展，“诸子百家”争鸣景象的出现标志着早期的学术团体在我国意识形态领域已经开始形成。因此可以理解为我国春秋时期是“社团”的萌芽期。[①] 康有为1895年在北京成立的强学会是一种改良派的社会团体，后人认为强学会就是中国史上首个现代意义的社团。进入现代后，各种类型的社团组织如雨后春笋般地发展起来，如工会、妇联等各种类型的群团组织。大学中也形成了各种类型的社团组织，其中创新创业类社团是这两年新兴的一种社团类型。

根据我国高等教育人才培养目标、学校管理情况等特点，可以归纳概括出我国大学生社团成立一般具有自发性、参与成员具有广泛性、活动形式具有多样性、活动内容具有丰富性、活动目标具有一致性、组织管理具有松散性等特性。

二、大学生社团的类型

大学生社团根据组织性质和活动形式可以把社团进行不同分类。

根据组织性质可以分为经济型、文化型、政治型，根据社团活动形式可以分为娱乐文体型、学术研究型、专业型等类型。这里根据社团活动内容，把社团类型主要分为以下几种：

一是娱乐文体活动型社团，指一批兴趣爱好相同，思维活跃，善于活跃在校园各个角落，能丰富校园文化生活的社团。如体育运动类、影视类等社团。

二是理论研究型社团，指一批具有善于专研文体，善于发展学术交流研

① 张伯男．古代大学及其管理模式［J］．教书育人：学术理论，2006（6）：35.

讨，能引导学生学习，提升学校学习氛围，对其他类社团发展有一定思想引领和行为规范的社团。如研究协会、研究社等。

三是专业学术型社团，指根据专业爱好，善于研究专业问题，擅长学术研究，能培养学生学习能力、创新创业能力，能出专业成果的社团。如英语社团、机器人协会等。

四是社会服务型社团，指以社会公益活动为主，服务社会和自我素质提升为主，利用所学知识参与到社会实践活动，在活动中培养责任感和奉献意识的社团。如志愿者协会、环保协会等。

三、高职院校专业社团建设

（一）高职院校专业社团概念

高职院校专业社团建设指由学生自发组织的，对某一学科或者专业感兴趣，能加强学生理论知识和专业技能技术学习，提升学生的动脑动手能力，具有较强的专业背景，并能引起学生强烈的求知兴趣，使学生读书期间能够进行项目的研发与推广，对学生技能训练、素质拓展等起到互动作用，为学生专业发展搭建的沟通、交流、学习平台。高职院校专业社团建设与本科院校社团建设有别，高职院校社团建设偏重于专业技能技术的掌握与运用，专业社团建设功能偏重于技术的服务与创新。

（二）高职院校专业社团建设功能

高职院校专业社团建设是专业课堂教学之外的重要专业学习途径，是校园文化建设的有效载体，是促进学生专业学习和技能训练的有效手段等。加强高职院校专业社团功能建设，分析外在功能和内在功能的作用，对高职院校专业社团建设成效、专业发展和学生综合素养提高具有重要意义。

1. 专业社团建设外在功能

促进本专业学生学风建设：高职生求学目的多样，诸多学生学习技术是为了更好地就业，进而造成学生急功近利求学状况，对专业学习的兴趣难以养成。专业社团建设就是将一群具有较强专业背景且喜爱专业学习的学生组建起来，这部分学生会积极主动学习专业知识，社团活动内容与专业密切相关，具有较强的实践性，与多学科交叉结合，通过社团活动开展，学生能在快乐的体验中学习专业知识，提高技能技术。社团成员的专业学习氛围能带动其他同学对专业学习的兴趣，具有一定的带动和影响作用，进而促进本专业的学风建设。

承担本专业各类技能大赛：专业社团建设与其他文化社团建设最大的不同是具有较强的专业背景和技术运用，它担负着学生创新创业能力的培养，尤其是专业技术的创新创业教育。专业社团建设是为了让学生具有更多实践机会，可以通过专业社团建设承担起各类创新创业技能大赛，通过竞赛促进学生专业学习，进一步丰富专业社团建设内容。专业社团建设可以开展本专业的各类技能大赛，从理论竞赛到实践竞赛，从校内专业技能竞赛到校企合作的专业技能竞赛，通过一系列专业技能竞赛加强学生的创新创业的能力，为学校参加各类省市级、国家的各类技能大赛输送人才，组建技能大赛成员梯队，提升专业社团建设影响力。

服务于本专业相关企业、社会：高职院校专业社团建设离不开企业的和社会的支持，离不开学校、企业、社会之间的互动，专业社团建设也要服务于企业和社会。专业社团建设条件要求高，场地和活动设施需求比较精细，尤其是对一些设备的要求和技术指导，学校难以完成支撑。为专业社团建设配置较完善的工作条件，需要企业和社会予以技术支撑、人员指导、市场引导等方面的帮助，同样，专业社团建设要服务于企业和社会，本身也是专业社团建设目标的要求。学校、企业、社会的合作不仅锻炼了学生的实践能力，也提升了本专业的社会影响力。

2. 专业社团建设内在功能

高职院校专业社团在承载着专业学习、各类技能竞赛、服务企业与社会的同时也承载着学生自身发展的内在功能，即促进学生的专业课学习、创新创业能力培养和综合素养的提升。

促进专业课学习：专业社团为学生学习专业知识和掌握技能技术提供了

良好的平台，培养了学生的学习兴趣和激情。刚进入高职院校的学生，对专业学习感到好奇，想尽快接触到专业课程的学习。加入专业社团后能尽快接触到专业知识、项目的研发、更多的专业实践，进而培养学生更加强烈的求知欲，为社团成员的专业学习提供极大的帮助作用。

提升创新创业能力：专业社团不仅促进学生的专业课学习，而且培养学生的创新创业意识、创新创业能力。通过外在功能的作用，专业社团学生的创新意识得到不断提高，尤其是专业知识的创新，理论学习、专业实践、专业技能运用等得到不断提高，对学生利用专业知识进行创新打下坚实基础。

提高职业素养：专业社团作为一个自发组成团体，在各项活动开展过程中需要社团成员的分工合作和高度信任，每个社团成员需要有团队精神和团队意识，并具备以社团发展为第一位的思想，能够吃苦耐劳，具有全局观。在活动开展中要养成良好的职业素养，以职业素养为基础提高自身综合素养。

（三）专业社团建设存在的问题

专业社团建设中对场地、指导老师、管理体制等要求较高。目前，高职院校专业社团建设存在场地建设不合理、指导老师配备不健全、管理体制不完善、功能建设单一等问题。

1. 场地建设不完善，影响工作开展

现有专业社团建设设施配备不完善，难以保障社团活动的正常开展，如专业社团开展某一项目的研发和运用，如果没有设备、实验实训条件的保障，社团活动就难以正常进行。

2. 导师配比不合理，欠缺方向指引

专业社团建设的指导老师配备要求较高，不仅需要校内专业指导老师，有的甚至需要副教授、教授、高工等职称的老师指导，部分专业社团更加需要企业的管理者或高级技术人员作为专业社团的指导老师或兼职指导老师。目前高职院校专业社团指导老师一般都是由一个专业老师指导，有的专业社团甚至没有专业指导教师，对现有指导老师的资历并不做要求，指导老师的配备没有严格选拔和考核制度，进而造成专业社团的发展的盲目性和不专业性。

3. 管理体制不健全，缺少激励机制

专业社团管理体制决定着专业社团能否长远发展。管理体制影响着社团成员的工作积极性，影响着专业社团活动开展的效果，影响着专业社团项目的开发。目前的高职院校专业社团管理体制不够健全，对社团成员工作没有激励性，学生参与专业社团活动的积极性不高，如学生参加专业社团，所学习课程学分要求与其他同学一样，学生在专业社团活动已经学习和掌握了专业的某些理论和技能，没有必要和其他学生一样再进行课程的学习，此时，需要个性的学分管理替换正常的课程积分等。

4. 功能建设不全面，活动内容单一

专业社团建设有外在功能和内在功能建设之分，现有专业社团建设并未很好承担这些功能。有的专业社团只是忙于一些与专业不太相关的活动，有的专业社团只忙于学校对专业社团的考核指标，有的专业社团只应付于一些与各类技能大赛相关的事宜等，没有从学校层面和社团成员自身层面进行全面发展，造成专业社团功能建设不够全面，活动内容过于单一。

四、高职院校专业社团建设对创新创业教育的作用

在当前教育体制下，高校社团建设百花齐放，建设内容涉及高校发展的各个领域。高职院校专业社团建设具有较强的专业性和技术性，如何促进高职院校专业社团长期发展，如何管理好专业社团，如何建设科学的专业社团建设模式是高职院校专业社团建设的一大难点。笔者重新界定高职院校专业社团概念，研究专业社团建设承担的外在功能和内在功能，分析专业社团存在的问题，探索高职院校“一中心、双导师、三引导”的专业社团建设模式。

（一）专业社团建设对高职生创新创业教育的作用

1. 有助于培养高职生创新思维

专业社团是大学生根据自己的兴趣与专业组成的学生团体，有志于某一

学科、专业或某一研究方向的学生群体。最大的特点是大多数学生专业成绩优秀，有多余时间，参加专业社团有着明确的目标，在提升自己专业知识水平同时提升实践能力。专业社团是学生进行第二课堂建设的有效途径，能发挥高职生的积极性、创造性，学生学习由被动到主动，尤其是高职生在实践中积极思考，主动探索，激发高职生的内在潜力，提高创新意识，培养活动参与者的多种创新思维。这对一名高职学生来说，其综合素质的提升是不言而喻的。

2. 有助于培养高职生创新意识

专业社团学生要想提升自己的专业知识和实践能力，就需要不断地去了解所学专业的发展现状和前景，用创新的思维去探索行业所存在的问题，社团成员可以以项目或者分组的方式针对发现的问题通过探索和实践去解决问题，这期间学校可以依托每年的挑战杯、黄炎培、互联网＋等创新创业比赛选择一部分内容新颖、创新性强的创意项目以立项的方式进行扶持和指导，既解决了资金问题也解决了技术导师等问题，充分调动了师生创新创业的积极性。实践证明，这种项目化的双创竞赛培育模式激活了多方面的力量，使创新创业教育依托专业社团这一载体得到很好的发展。

3. 有助于强化高职生创新创业能力

创新创业能力是高职生创新创业教育的核心问题，但是，并不要求所有的高职生都进行创新创业教育，而是在今后的工作岗位体现自己的创新意识和创造力。专业社团是高职生利用专业进行产品设计、研发、实践活动等，通过专业性相关活动发现问题、解决问题，培养学生创新创业能力。

（二）“一中心、双导师、三引导”的专业社团建设模式

建设高效的专业社团，探索适合高职院校专业社团建设的模式是高职院校专业社团建设的必备选择。构建“一中心、双导师、三引导”的专业社团建设模式是促进专业社团建设的有益探索，是促进专业社团功能实现的有效途径，是促进专业发展提升影响力的有益措施。

“一中心、双导师、三引导”的专业社团建设模式概念表述如下：“一中心”指专业社团建设必须依据该专业的实验实训场地或者依托该专业实验实训条件的场地建设，成立专业社团建设中心，必要时可以把专业社团建设中心建设到校企合作企业的企业中，以便于专业社团的活动开展。“双导师”指专业社团建设的指导老师由校内老师和校外老师共同指导，校内老师主导，校外老师辅导，目的是加强专业社团的项目引进和研发，社团活动开展。“三引导”指目标引导、专业指导、市场引导，在专业社团成立之初树立明确的专业社团建设章程、任务、目标等，依靠专业发展社团，社团活动开展必须与专业相关，专业社团开展内容、项目建设要以市场引导，发挥专业在社会中的作用。

1. 建立设施完善的专业社团建设中心，促进功能的实现

开展社会实践活动是高职生解决理论脱离实际、知识远离生活等问题的有效途径。社会实践活动超越书本知识学习的局限，以市场为导向，以企业为主体，是专业社团实施可持续发展战略的基础和途径。

专业社团建设要实现实践活动的多样性，必须有足够的专业社团建设实施作为支撑。不同的专业对设施的要求不同，专业技术性较强的专业需要专业的实验实训设备，有的甚至是大型的专业设备，也有可能是校企合作的专业设备来满足专业社团的活动开展，理论性较强的专业需要更多的专业实践以促进理论知识的提升，提高学生的创新能力。以技术为主的专业社团，建设中心需要设立在学生实验实训中心，或者校企合作的企业中，甚至学校和企业共同设有专业社团建设中心。只有基本的设施齐全，才能保证专业社团建设功能的实现。

2. 建立校企共同指导的导师配备制度，寻求项目的开展

专业社团鼓励社团成员到社会兼职做技术相关工作，积极申报学生创新基金项目，设立专业社团项目开发小组，参加各类技能竞赛，和其他学校社团开展交流，和企业合作引进真实项目进行项目开发等，专业社团开展的此类活动都离不开专业指导老师的帮助。

专业社团指导老师的配备要求比较高，必须具有较强的理论知识和过硬的实践能力，能达到双师素质教师的要求。专业社团建设利用校企合作机会，从企业中聘任技术过硬、具有技术研发能力的工程师担任专业社团指导老师，他们不仅能从企业把研发项目带进社团，更能通过项目研发提高社团学生的专业学习和技能技术的掌握。专业社团指导老师可以配备双导师，每个专业社团由校内老师和企业技术人员共同指导，每个老师在指导社团建设的同时具有明确的责任分工，校内指导老师负责校内专业的学习和活动开展，企业指导老师负责项目的引进和校外专业实践活动的开展，通过校内外专业社团活动开展促进专业社团的专业性建设。双导师的配置有利于社团成员对参加企业真实项目感兴趣，有利于学习社会使用的专业技术，有利于引进企业项目和资金支持，进而帮助专业社团解决经费不足等问题。

3. 建立目标引导、专业引导、市场引导的专业社团建设，促进社员的全面发展

在专业社团建设之初，要设定社团管理章程、社团工作计划、社团承担功能等目标，依靠建设目标开展日常工作，让每个社团成员朝着目标前进，激发工作热情。在专业社团建设过程中，社团建设不能脱离专业，社团开展的各项活动和项目建设必须依靠专业作为引导，否则与其他社团建设趋同，体现不出专业社团建设特色。专业社团建设具有一定的社会性，高职生职业发展离不开专业技术，专业技术的发展具有一定的市场性，需要市场引导，所以，专业社团的发展离不开市场引导。

建立目标引导、专业引导、市场引导的专业社团建设，是高职生从理论到实践、从学校到社会、从技能到技术的有效桥梁，是实现专业学习到运用的有效途径。

4. 制定科学的专业社团管理制度，激发社团的各项工作开展

科学的社团管理制度是促进专业社团发展的前提和保障。专业社团的发展要制定自身的发展目标、计划、内容等，要有近期目标、中期目标、长期目标之分；制定鼓励指导老师指导社团的激励性政策，如专业老师指导社团

可以代替课时，指导学生有一定的课时补助，指导学生参加大赛获奖对职称晋升有一定帮助等政策；制定灵活的学分互换政策，专业社团活动开展具有时间的不固定性、专业学习的超前性、专业学习的专业性等，学校可以制定参与专业社团的学生可以用项目的研发、各类竞赛等活动替代专业课的学习，替代学生素质课的学习，实现学分互换等。

社团管理制度的制定要保证专业社团各项活动的开展，保证专业社团学生工作的积极性，保证专业社团发展的延续性和传承性，朝着品牌专业社团和百年专业社团建设目标前进。

专业社团建设目的是学生专业学习、技能技术掌握、创新创业意识和能力的培养。建设好“一中心、双导师、三引导”的专业社团能促进专业社团长期发展，提高专业在社会的影响力，提升学生的综合素养，尤其是创新创业能力的培养。

五、高职院校创业社团建设

（一）高职院校创业社团特点

高职院校社团建设种类多样，内容丰富。创业社团建设有别于其他类社团建设，创业社团建设目标、建设内容与学生专业发展关系紧密、职业发展相连、生涯发展相关，为此，创业社团建设有自身特色存在。

1. 多样性

高职院校专业设置具有较强的应用性，尤其是高职院校在服务地方经济发展中有着不可忽视的作用。高职院校创业社团可以是产品外观设计、服务性、产品发明等，专业设计机械产品、信息产品、计算机产品、化工产品等形式多样。

2. 专业性

高职院校创业社团主要依靠专业社团指导老师的指导。社团的指导老师由专业性较强的教师带领，指导老师可以利用自己的业务范围带领社团成员进行产品的研发，在平时的上课中和社团活动指导中用专业的知识有针对性地为社团树立发展目标，寻找项目研发，争取学院、企业支持，为创业社团争取更多的技术、资金、政策的支持，通过各类技能大赛等为载体展现团队的专业性。寻找机会把项目的研发转化为社会成果。

3. 创新性

创新性是创业的深层发展，创新性是创业社团的核心部分，是创业社团区别于其他社团的主要标志。同一社团成员有可能来自不同的专业，在创新方面各有所长，在创业项目申报、技能大赛开展、企业科研承接等方面具有一定的优势。

4. 实战性

创业社团的活动开展具有较强的实战性。从社团组建开始，社团目标已经具有较强的针对性，从指导教师的帮带、项目的申报等方面基本模拟企业的研发程序，在社团开展活动过程中会与企业有广泛接触，项目内容申报也是以实用性为出发点，社团成员要把学习的理论知识应用到具体的实践中去。

5. 独立性

创业社团具有一定的独立性，这是区别于其他社团的地方。其他社团更多受到学院或系部的限制，如开展项目申报、活动开展等都离不开学校。创业社团在具有开放性的同时具有较强的独立性，就是在树立团队研发内容后的开展过程中，根据社团活动内容可以与企业、行业、政府等组织合作，在社团发展方面具有较强的独立性。

6. 门槛高

创业社团活动内容不是简单的体力劳动和重复的活动开展，对每个社团成员专业知识要求较高，对参与的同学具有一定的挑战性，要求每个参与同学有较强的学术能力、动手能力、克服困难、解决困难的能力，同时具备较强的责任感和团队合作精神等综合素养。

（二）高职院校创业社团建设现状

高职院校创业社团可以有效依靠团队力量，依托高职生职业特性、技术特点，依托学校扶持、企业扶持、政府支持、行业引导等，进行创业社团建设。目前，许多高职院校学生自发组成的创业社团在数量上、质量上、业绩上取得了一定的成绩。作者从高职院校现有创业社团建设情况进行调查了解发现，高职院校创业社团建设基地建设情况、管理情况、运转情况、功能实现情况等现状如下：

1. 高职院校创业社团基地建设情况

高职院校现有创业社团基地建设百花齐放、各显特色。高职院校创业社团基地建设方面主要分三大类：一是分散型，创业社团建设主要依托各自的二级学院（系部）自行管理，创业社团的组建、运营、发展等完全由其各自负责，创业社团基地选址也依托在二级学院（系部）自己的其他社团选址场地，其场地建设没有规整性，有的放在教室，有的放在学生公寓，有的放在学生会办公室，有的是几个社团联合办公等。二是个别集中型，创业社团建设同样依靠二级学院（系部），但是管理者把所有社团集中划分区域，把创业社团和其他社团一样放在一起办公。三是整体集中型，学校统一划分场地，统一管理，二级学院（系部）为主要负责人，把所有社团统一安排场地，把创业社团放在一起，其他社团放在一起，这样有利集中管理。

2. 高职院校创业社团管理情况

高职院校创业社团管理机构多样、各有优势。高职院校创业社团管理和其他社团同步管理，如学校团委、学生社团联合会、学生会等，把学校创业社团管理分为校级和二级学院（系级），主要表现为自主管理型和统一管理型。自主管理型主要指学校的学生会组成社团联合会，社团联合会统一办公、统一指定考核指标、进行过程考核和期末考核等多种管理办法，重点在于管理、监督、指导创业社团建设，而创业社团的主体也可以享有对社团联合会工作进行监督、评价等权利，为此，社团联合会出台一系列创业社团管理的相关制度。统一型管理主要指各个二级学院（系部）创业社团建设有其自身管理，并统一到学校层面的管理，由学校统一管理各个二级学院（系部）的社团管理部门，同时也出台了一系列创业社团管理制度。

创业社团管理的重点在于如何让更多的学生参与到创业社团中来，并让参与社团的学生善始善终，不要轻易中途退出，如何让创业社团在培养学生创新创业能力的同时营利，实现在校期间的创业成功，如何制定更加激励的政策让学生主动参与到创业社团建设。

3. 高职院校创业社团运转载体情况

实现高职院校创业社团运转载体平台多样、相互补充。高职院校创业社团运转载体一类在学校的创业园内、创业基地内、创业工作室内等；另一类在与学校合作的企业内，在企业内部建立创业社团；第三类是在学校与企业建立的第三方平台内。创业社团的场地建设并不固定，有的创业社团有自己的固定场地，有的创业社团同时拥有几个场地，不管创业社团的载体是什么形式，不同载体之间相互合作、相互作用，其主要运转载体还是在学校内的相关平台。

4. 高职院校创业社团功能建设情况

高校创业社团可以激发学生的创业潜能，培养高职生的创业素质和创业精神，提升高职生的综合能力，从而发挥创业社团在高校创新创业教育中的实践载体作用，最终实现借社团之体习创业之道的双赢目的。[①] 高职院校则是为了实现高职生专业技术技能学习，让技术技能转化为社会生产力，为此，高职生创业社团建设功能之一是通过创业社团建设，让高职生技术进一步提升、技能进一步得到锻炼，让其在学校阶段接受创业前的模拟、仿真、实战，真正模拟整个创业过程，让高职生早日感受、体验创业情景。功能之二是以赛促创、以赛促学，让创业社团学生担负起国家级别、省市级别、院级等各类级别的创新创业大赛，吸引更多的学生参与到创新创业教育中来。

（三）高职院校创业社团建设存在的问题及原因

创业社团与其他社团相比，其创业社团目标明确，但具体实施过程和运

① 方正．借助大学生社团 开辟大学生创业实践新路径［J］．南京航空航天大学学报（社会科学版），2009（1）：28－31.

作模式需要根据创业社团的主题内容而定，创业社团面临社团成员占用的时间不固定、创业社团使用的场地要求较高、所需设备较多且投入较大等客观需求，造成高职院校创业社团管理困难、稳固社团成员困难、保证项目成功率困难等问题的出现。

1. 创业社团缺乏健全管理，导致运转不流畅

高职院校创业社团建设与其他社团建设有共性也有个性，创业社团有其特殊性，因工作时间不确定、工作地点多样性、项目开发专业性等致使创业社团管理不能和其他社团管理类同，现有高职院校把创业社团管理和其他社团趋同管理，采用同样的考核制度和考核指标是不现实的。

现有的创业社团管理制度，让新生看不到参与创业社团能给自己锻炼的机会，看不到参与创业社团的可持续发展，看不到自身价值的实现，再加上创业社团需要投入的时间和精力更多，现有政策很难支持学生有充足的时间和精力去参与到创业社团的有关活动。为此，一方面，造成新生不敢进入社团、进入社团的学生想退出，这时会造成创业社团参与人数严重不足，致使创业社团工作很难继续开展等问题。另一方面，创业社团要尽早组建，最好在大一就要组建，让优秀的、有文化底蕴的创业社团具有传承性，如果等到大二、大三再去组建创业社团会造成社团的无法开展。如果学生因为进入创业社团造成的学分不够、课程不能置换、时间不能保证等问题得不到解决，创业社团的运转就不可能流畅。

2. 创业社团缺乏市场引导，导致创新无特色

高校应充分发挥学生专业社团的作用，提高学生的专业技能，提升学生的就业能力，尤其是对有较好市场前景的学生专业社团应加强引导和管理，以激发学生学习专业知识和技能的热情，明确自身的职业目标。[①] 开展高职生创业社团的建设和市场化运作，有利于推进社团项目方向选择、专业发展方向指引、产品开发方向等。高职院校创业社团市场引导是符合高等职业教育

① 于钟凌．高职院校学生专业社团市场化运作研究［J］．广西教育，2012（11）：69－70.

特点的，高职院校的职业教育是要发挥学生的专业特长，专业学习和技术研发方向要紧跟社会发展，市场引导无疑是对高职生技术检验的最佳手段。

目前，高职院校现有创业社团的组建很多仅仅是根据学生的自身兴趣，没有很好结合学生技术特点；根据学生短期需要，没有考虑市场长期引导；根据学生个体资源，没有统筹学校整体资源等。由于没有市场的引导，导致创业社团内容发展不能紧跟市场变化，更谈不上引领潮流。创业社团建设关键在于“创”字，创业是创业社团发展的核心内容，缺少市场的引导，创业社团建设就难以体现高职生技术发展特色和创新理念。

3. 创业社团缺乏导师指导，导致技术无支撑

高职院校创业社团建设对技术要求较高，创业社团的运营需要专业的指导老师指导。高职院校创业社团没有合理的配备指导老师，从管理上阻碍了教学指导和育人指导，比如专业学习、职业生涯规划指导、职业素养培养和创业精神培养；从项目研发上阻碍了创业的发展，阻碍了学生的科研潜力发挥，缺少技术含量的支撑等。目前，有的高职院校创业社团建设还没有配备指导老师，仅仅是社团管理者在指导；有的高职院校创业社团建设已经配备了指导老师，但是导师的指导仅仅流于形式，没有具体的、科学的导师指导社团制度，导致指导老师不能尽职尽责地去服务创业社团建设；有的高职院校创业社团建设配备了指导老师，但是，指导老师承包了整个创业社团建设，指导老师就像老板一样，这样严重阻碍了高职生作为创业社团建设的主体发展，严重阻碍了高职生的创新创业教育。

4. 创业社团缺乏资源供给，导致建设不长远

高职院校创业社团建设，不仅需要社团项目建设有创新，管理也需要创新，运作模式更需要创新。创业社团建设需要科学选取场地、资金技术支撑、政策管理扶持等。尤其是外部资源的帮助，外部资源不仅仅是常规意义上的外联赞助，更多的创业类社团需要创业杰出人物和管理达人的指导、风险投资对创业类社团各类型活动的支持。

高职院校创业社团建设需要学校的政策扶持，如学分转化、课程置换等；

需要学校资源共享，如实训室、实验室、校企合作平台等；需要企业支持，如到企业进行学习交流，创业场地、资金技术支撑等；创业社团建设中成熟的项目可以进入社会，进入市场，需要当地政府的政策扶持、场地支持、合作交流平台搭建等。创业社团建设就是个新产品的问世，作为学生阶段的创业项目开始阶段很脆弱，如果没有相关优惠资源的支撑，创业社团的发展可能会过早导致解散或夭折，而高职院校创业社团建设恰恰缺乏这些资源支撑。

5. 创业社团缺乏健全功能，导致目标难实现

高职院校创业社团建设主要目标是培育学生创新创业意识、创新创业能力、创新创业精神等。由于创业社团的功能不齐全，功能实施不到位，导致创业社团功能建设的目标难以实现，主要表现在三个方面：一是没有培育好学生浓厚的创新创业教育氛围，没有帮助学生树立创新创业观念，没有营造好创新创业教育环境；二是没有宣传、传承创新创业教育理念，没有起到良好的创新创业教育示范作用，没有把创新创业教育感染到其他同学；三是没有很好促进高职生的综合素质提高和创新创业能力的知识掌握。

六、高职院校创业社团建设路径

创业社团是高职院校创业社团建设中一种新型的具有巨大发展空间的社团，不仅有助于高职院校创新创业教育，而且有利于创新创业型人才培养质量提高。目前，创业社团建设存在管理机制不完善、建设形式大于内容、创业社团数量严重不足等问题，严重制约了高职院校创业活动开展。为此，从“学生主导、市场引导、导师指导”“三导”下进行高职院校创业社团研究，分析“三导”创业社团运作模式，运作载体的平台搭建、通过载体完成功能实现等协同研究高职院校“三导”创业社团建设，为高职院校创业社团活动的高效开展提供借鉴与参考。

（一）高职院校“三导”创业社团理念

“三导”主要指学生主导、市场引导、导师指导。学生主导指创业社团从

成立之初，组建、运营、发展完全由高职生在学校的相关要求下根据自己专业、爱好、兴趣等自主管理，组建、场地选址、发展规模、运营状况等由学生自行决断。市场引导指创业社团的成立不是主观臆造出来的，创业社团成立之初要考虑市场的需求，根据市场的需求开发创业社团项目、创业社团内容，根据市场指引重点投入技术发展方向，让创业社团中技术含量能早日得到社会、企业的认可，创业社团的创业项目即产品要满足社会市场需求，项目研发方向要以市场需求为指引。导师指导指创业社团配备一定数量的指导教师，让教师参与创业社团建设，专业社团聘请的指导老师来自学校、企业、行业或者政府机构等，根据创业社团的需要配备合适的对口导师，导师根据创业社团项目需求为创业社团提供技术指导、理论支撑、其他综合问题分析即顾问指导。

“三导”创业社团建设能充分锻炼高职生自我管理、自我运营、自我发展的能力，能提高高职生创新创业能力，能培养高职生创业精神，能发掘高职生创新创业嗅觉。

（二）高职院校“三导”创业社团运作模式

高职院校“三导”创业社团运作模式分为创业社团主体、创业社团载体、创业社团功能三部分。其中，创业社团主体通过创业社团载体完成创业社团功能，创业功能反过来推动、传承创业社团主体的建设。

创业社团主体：创业社团的组建、运营、发展是构成创业社团三要素，创业社团的组建、运营、发展完全依靠学生自主完成，创业社团从无到有、从有到多、从多到强主要在学院管理的辅助下自行完成。

创业社团载体：创业社团载体主要指学校搭建平台、企业搭建平台、校企合作搭建平台，如各个高职院校的创业园、创业基地等，企业的实习基地、联谊基地等，校企合作的产教园、校中厂等都是创业社团的载体，这些平台为创业社团提供资金、技术、场地、服务、咨询、管理等。

创业社团功能：主要功能是提升高职生创新创业意识，提高创新创业能力。在具体操作过程中，一方面是创业社团主体通过创业载体实现创业模拟、创业仿真、创业实战等进行创业实践，另一方面担负高职院校参加的各类创新创业大赛，如国家级别、省市级、院级、企业等举办的各类创新创业大赛，为各类创新创业大赛提供人才储备。最终目的是培养高职生的创新创业能力，以创业促进就业，实现高职生在充分就业前提下的全面发展。

总之，通过创业社团建设，高职院校将有更多的创业社团涌现，参与创业社团的人数大幅增加，专业创业社团明显增多，创业社团项目内容更加丰富，实现高职院校创业率再创新高。

（三）高职院校“三导”创业社团建设路径分析

高职院校创业社团建设的现状、存在的问题及原因是多方面的，在“大众创新、万众创业”的今天，创业社团的健康发展是促进高职生创新创业教育的一个重要平台，利用高职教育特性，积极组建创业社团能够积极引导高职生早日树立正确职业价值观，有效培育高职生创新创业意识、创新创业能力、创新创业精神，在学校中形成全员参与、全方位覆盖、全程指导的创新创业教育良好氛围。笔者从“学生主导、市场引导、导师指导”“三导”方面即创业社团主体、创业社团载体和创业社团功能实施三方面研究高职院校创业社团建设路径。

1. 建立高效有序的“三导”创业社团，激发创业社团主体能动性

实现创业社团“学生主导”。在组建创业社团之初要根据高职生的兴趣爱好、专业学习、技术特长、就业方向等要素，以学生为核心进行创业社团的组建。创业社团组建最好放在大一进行，各个部门要根据自身实际情况，召开学生干部会议并让专业老师参与，调动有意向创业的学生进行调研分析，明确创业社团成立的目的与制定具体实施程序，同时制定适合本社团的章程、发展目标、管理制度等，实现组建时的自我主导，以学生主导的创业社团能更好地吸引更多同学参与到社团活动中来，让学生有主人翁意识。创业社团在学校社团管理下实现高度自治，这里的高度自治主要指创业社团的管理制度、实施过程、政策扶持等不同于其他社团建设，有较高的自我决定权，如社员可以主动与企业、社会、政府等广泛接触，可以把盈利作为社团发展基

金，也可以作为社团的工资发放等。

实现创业社团“市场引导”。创业社团的项目发展方向、技术研发方向、产品服务方向要依靠市场引导，这样才能保证创业社团建设的活力和持久发展。创业社团组建之初要结合专业发展、技术特长等在市场中寻找项目研发，创业社团的活动开展和项目研发要有可持续发展性，从国家级、省级等举办的各类创新创业竞赛可以看出，很多获奖的项目都是创业社团来完成，且项目本身具有发展前景。如果创业社团建设内容与其他社团类似，那么创业社团便失去“创”的特色，只有在市场引导下，制定创业社团建设内容和发展规划才能体现创业社团的特色。为此，在制定创业社团项目内容之前要走访市场、走访企业，充分做好市场调研。

实现创业社团“导师指导”。创业社团建设需要专业指导老师指导，指导老师可以来自学校、企业、政府、社会等部门。创业社团不仅需要项目，更需要指导老师指导。高职院校可以根据创业社团内容为社团寻求专业的指导老师配备，指导老师的配备要有利于社团项目研发、社团创业产品成型、社团长远发展等。当然，学校要制定创业社团指导老师管理办法，给予指导老师应有的回报，让指导老师能潜心指导社团发展，如指导老师指导社团可以替代一定的课时，指导学生参加各类创新创业大赛可以认定为一定的工作量，带领学生取得的创新创业成果可以作为指导老师晋升的材料支撑等。在工作开展中通过指导老师可以加强创新创业教育与专业教育的融合。第一是实现创新创业教育由第二课堂向第一课堂的全面转型，第二是完善创业社团的服务功能，确保各级别的创业优惠政策得到落实，创业收入得到合理的分配等，第三是加大创新创业项目的研发力度，加强学生创新创业教育，搭建更多的创新创业项目载体，使创业社团有更多实践平台。

2. 搭建“三导”创业社团载体，发挥载体平台实用性

在创业社团“三导”主体的基础上，整合资源，搭建实用的创业社团载体，有利于创业社团的健康发展。学校层面要科学整合校内外资源，根据各专业特点和各个二级部门及实验实训等场地布局，合理建立创业社团场地。学校内可以建立实验实训平台、创业园平台、校企共建平台等，校外可以成

立校企合作创业平台、政府扶持创业平台等，通过平台建设为创业社团提供场地、资金、技术、咨询、服务等资源供给。同时，创业社团可以不拘泥于固定的创业社团场所，实现各个创业社团的资源共享、技术互补等管理办法，让有利于创业社团发展的平台充分发挥其实用性，让创业社团得到实实在在的支持与帮助。

探索企业运作的创业社团管理办法。在保证高职生创新创业教育的前提下，探寻可持续发展的办法，尝试企业模式与商业运作手段，让高职院校创业社团进行商业运作，这样丰富了创业社团载体的拓展，实现了创业社团的社会实践。通过企业运作一方面能够使学生提前感受真实的创业环境，另一方面能够大大促进学校的创新创业教育。

3. 完善“三导”创业社团功能，实现创新型人才培养

高职院校创业社团的主要功能是提升学生的综合素质和创新创业意识，打造成高职生未来创业的孵化器，提高高职生的职业意识和职业规划能力。具体表现在两个方面：一是让高职生通过载体营造创业模拟环境、仿真环境、实战环境。在创业社团建设过程中，模拟创业环境，让高职生快乐体验创业需要的资源、步骤、市场环境、奉献意识等；仿真环境建设，让高职生有责任、有压力，不需要承担经济后果地去开发项目、经营项目，在企业或者社会中运作创业项目；实战环境，让高职生全方位进入社会、进入市场，面对市场经营项目，自负盈亏、责任自担。通过创业环境模拟、仿真、实战进一步培育高职生创新创业意识、创新创业能力、创新创业精神。二是让高职生通过不同级别竞赛，让高职生掌握创新创业基本知识，产生较好的创新意识和创业能力，如通过学校的创新创业知识竞赛、创新创业的技能大赛，让广高职生参与其中，这些活动可以由创业社团来承担，表现优异的学生可以参加省市级、国家级别的创新创业大赛。具有市场发展潜力的项目还可以吸引投资进入市场，让高职生提前感受创业过程。

完善“三导”创业社团的功能有利于强化高职生创新意识。高职生创业社团在学生主导下成立，在活动中学生产生的想法、动机等通过项目共享，使学生的创新意识得到进一步加强，让高职生在社团的后续活动中得到创新；

有利于高职生知识结构的优化，创业社团的组建可以由不同专业、不同年级的学生组成，在创业社团建设过程中，尤其是项目研发过程中可以进行头脑风暴，让不同的专业背景、学科背景进行相互交流，让学生彼此提高，进而促进社团建设；有利于高职生团队协作精神培养，在项目的具体实施过程中，社团负责人进行任务分解、协同合作、彼此尊重、集思广益等，充分培养学生的团队合作意识和奉献精神。

4. 做好“三导”创业社团后勤保障，确保社团运转流畅

（1）注重顶层设计，加强创业社团后勤保障。

创业社团需要部门管理者大力的政策支持。系部社团管理要与学院管理相结合。由于创业社团的专业性、实践性、创新性等特点，仅仅依靠团委的管理难以发挥其自身优势。创业社团涉及人员较多，需要用到的场地、资源等较多。完善的后勤保障需要学院领导的政策扶植，如硬件：计算机机房、实验室、实训场地、实训设备等需要学院统筹安排，软件：创业指导细则出台，项目申报的内容、开展办法、创新点等需要学生做好相应的思想准备和知识储备，避免学生盲目地参与社团，提高学生对社团的认可度。

（2）配备专业导师，加强创业社团发展。

创业社团的专业性是核心所在。社团需要配备专业的指导教师，专业指导教师不是随便聘任的，指导教师需要有较强的理论基础和一定的实战经验，有带领学生参加技能大赛的本领，有既有项目的人员优先聘任为创业社团的指导教师，由教授、副教授、专业带头人负责，不断吸引年轻的教师加入，形成指导教师梯队建设。同时，指导教师要有较强的责任感和事业心，能全身心地指导学生进行技术攻关，提高创业社团的技术含量，并能够把创业社团项目转化为科技成果，扶持学生最后走上创业道路。根据创业社团的项目情况和学生数量，每个社团可以配备一名或者两名指导教师，以有利于创业社团的发展。

（3）制定激励措施，提高创业社团工作热情。

任何一个组织的发展都需要强力的激励措施。科学合理的激励确实能起到激发工作的动力，调动工作积极性的作用，从而使团队成员由被动到主动，

由主动到全身心投入，从而提高创业团队的工作绩效。指导教师可以按照工作量统计，考核按照等级划分，实行绩效考核，尤其是带领创业团队取得项目攻关，在各类大赛中取得优异成绩，科技成果得到社会转化，帮助学生成功创业等要给予重点奖励。对社团学生也要给予科学的激励措施，如学生参加创业社团给予一定的素质积分，同时可以免除相应课程的学分或者转换为相应学分，让学生有更多的时间和精力参与到创业社团的建设，对社团成员也要实行等级考核，实行优胜劣汰，实行荣誉奖励和物质奖励相结合，加大对优秀社团成员的宣传，扩大创业社团的知名度，让更多的学生参与到创业社团中来。

（4）加强社企合作，进行创业社团实战模拟。

社团负责人要利用好创业社团这个载体，积极走出校园，联系企业。利用校企合作平台进行社团与企业的合作，社团要利用自身优势，如技术职称、人员优势、学院优势和企业合作，充分利用企业的资源，如生产设备、管理模式、技术支持等，社团可以和企业合作共同申请项目申报、科技创新等，由社企合作走向共赢局面。其中，创业社团可以利用社企合作进行实战模拟，提前进入创业过程，经历社会对创业者的考验，由创业的实战模拟走向真实社会的创业过程。

（5）整合社会资源，引导创业社团进入市场。

创业社团需要一定的资金支持，资金来源可以多样化。学院应将高职院校创业社团的经费管理纳入到学院管理中来，逐步建立国家支持、学院筹建、企业合作、企业资助等方式筹集资金来源，保障创业活动的顺利开展。尤其是可以市场化的项目，创业社团可以借助学院、地方政府、企业平台，自己组建公司或者吸引投资者加入等形式让项目走入市场并转化为科技成果。

创业社团是以传播和深化相关专业知识，运用专业知识解决实际问题，以各类技能竞赛为载体，锻炼学生创业能力为主要目的的学生组织。它具有明显的专业特色和学科特色，符合高职院校培养学生懂技能、精管理的高职人才培养目标，更是高职院校高质量就业的有效补充，高职院校创业社团的发展会不断得到重视，发展质量会不断得到提高。

建立“三导”创业社团是高职院校开展创新创业教育的有效途径。科学运作“三导”创业社团对营造高职院校创新创业氛围，吸引更多学生参与创新创业教育，组织创新创业活动，突出学生在创新创业中的主体作用具有重要意义。通过“三导”创业社团建设，可以进一步提升高职生创新创业意识，提高创新创业能力，培养创新创业精神，正确引导高职生树立科学人才观、就业观、创业观。

七、高职院校社团建设引领创新创业教育

高职生如何利用自身所学专业，把专业用于创新创业教育，在学习专业知识的同时，提高专业的创新创业能力，对高职生专业创新创业教育具有重要意义。高职院校进行专业创新创业教育，完善创新创业课程建设，成立专业社团，整合学校资源对高职院校专业发展起着重要作用，探索“课程渗透、社团引领、平台助推”三位一体的高职院校专业创新创业的方法、方式及模式探索，有助于高职生专业方面的创新创业发展，对于高职生创新创业教育能力培养有重要意义。笔者以常州机电职业技术学院为例进行研究。

2015 年国务院办公厅印发《关于发展众创空间推进大众创新创业的指导意见》，部署推进大众创业、万众创新工作，对创新创业又提出了更高的要求。文件出台对引导高职生学习专业知识、掌握专业技能、促专业融创业具有重要意义。常州机电职业技术学院根据专业学习特点，结合学院内部资源，探索“课程渗透、社团引领、平台助推”三位一体的高职院校专业创新创业的方法、方式及模式探索，有助于高职生专业方面的创新创业发展。

（一）高职院校“课程渗透、社团引领、平台助推”三位一体专业创新创业教育

常州机电职业技术学院以“三段对接式”的创新创业教育体系为引领。“三段”是指在时间上把创新创业教育分为“创业教育、创业模拟、创业实

践”三个阶段；对象上从普及到精英；内容上从理论到实践，循序渐进。“对接”是指对接学生特点、对接专业特色、对接社会需求。① 根据其“三段对接式”的创新创业教育体系构建高职院校“课程渗透、社团引领、平台助推”三位一体专业创新创业能力培养平台。即以培养学生创新创业意识、创新创业精神为基础；发展创新创业技能、专业创新创业能力为重点进行学生创新创业教育。课程渗透，通过基本素质课程教育、专业能力课程教育进行学生创新创业素质培养；社团引领，通过专业社团导师指导和项目引导强化学生创新创业基础能力；平台助推，通过创业园和产教园的支撑提升学生创新创业专业实践能力。高职生专业创新创业教育体系构建目的在于培养高职生创新创业精神，重视专业在创新创业中的作用和地位，其核心在于高职生的专业创新创业能力培养。

（二）高职院校“课程渗透、社团引领、平台助推”三位一体专业创新创业能力培养内涵

在“课程渗透、社团引领、平台助推”三位一体专业创新创业能力培养中，课程渗透、社团引领、平台助推三者是相辅相成、互为促进的关系。其中，课程渗透是高职院校创新创业的基础，社团引领是关键，平台助推是提升。通过平台助推把创新创业教育再反哺到学生创新创业课程渗透和社团引领中。在创新创业教育体系构建中，课程渗透指：创新创业理论课、创新创业选修课、创新创业实践课、专业基础课、专业核心课、创新创业系列讲堂等，让高职生全方位接受创新创业教育，实现创新创业课程对学生全覆盖；社团引领旨在专业社团建设，专业社团通过专业教师指导和项目引导进行学生创新创业教育，在创新创业课程教育的基础上，吸引和选拔对专业感兴趣、创业有激情的学生参与到专业社团建设中来，接受专业社团教师指导和项目研发，参与此项任务的学生人数已经减少到百分之五十左右；平台助推是借

① 鲁伟，高淑红，壮国桢．论高职工科院校“三段对接式”创业教育体系的构建：以常州机电职业技术学院为例［J］．教育学术月刊，2011（2）：86－88．

助学院的创业园和江南装备制造技术产教园为平台，让经过专业社团指导的学生和未经过专业社团指导但有以专业为核心的创新创业激情的学生参与进来，借助两个平台的作用，对学生进行创业培训、创业模拟、创业实践、项目开发、项目孵化、项目转化，从而使学生真正地走向创新创业之路，此时学生占在校人数的百分之十左右。

（三）高职院校“课程渗透、社团引领、平台助推”三位一体专业创新创业作用

高职院校“课程渗透、社团引领、平台助推”三位一体之间关系各有所用、互为一体，在高职生专业创新创业过程中不可或缺。

1. “课程渗透”是高职院校专业创新创业能力培养的基础

课程渗透目的是培养学生创新创业意识、激发创新创业激情，并不是鼓励所有学生创新创业。根据高职生学生特点、课程体系结构，构建了“一个讲堂、两大平台、六大模块”创新创业课教育模式，主要目的是进行学生创新创业素质培养。

一个讲堂指学生创新创业教育讲堂。讲堂由学院、系部层面邀请成功企业家、往届创业校友进行创业历程讲座，对在校生传授创新创业知识，让在校学生感受其创新创业历程从而坚定自己创新创业信念，为学生进行一些直观、形象、贴身的创新创业教育。如学院开展创新创业知识大讲堂，定期邀请知名企业家和往届校友回校进行创新创业讲座，讲座期间让学生和企业家进行良好互动，并建立创新创业交流平台等。两大平台指高职生的基本素质课程平台和专业能力课程平台。基本素质课程平台在于提高高职生创新创业的基本意识，专业能力课程平台在于提高高职生专业创新创业意识。六大模块指：基本素质课程中的人文社会科学基础课程模块、自然科学基础课程模块和能力拓展课程模块；专业能力课程中的专业基础课程模块、专业核心课程模块和专业拓展课程。以学院模具设计制造专业为例，人文社会科学基础课程模块包括入学教育、军事技能训练、思想道德修养与法律基础、形势与政策等课程；自然科学基础课程模块包括高等数学、计算机应用基础等课程；

能力拓展课程模块包括职业基础英语、模具行业英语、公共艺术课等课程；专业基础课程模块包括机械制图、机械设计基础、工程材料与热加工、电工基础、模具拆装测绘、模具体验等课程；专业核心课程模块包括模具CAD/CAM、冷冲（塑料、精密）模具设计、模具制造技术、数控铣消实训等课程；专业拓展课程包括压铸工艺与模具、模具材料与表面处理、模具焊接修复技术、失效分析、冷冲压设计技术综合应用、冷冲模制造技术综合应用、模具材料与表面处理等课程。这里重点强调基础素质课程平台中人文社会科学基础课程模块中的创新创业理论课程、创新创业选修课程、创新创业实践课程。创新创业理论课程包括创新创业感悟、职业素养提升等；创新创业选修课程包括企业战略管理、市场营销学等；创新创业实践课程包括各类创新创业大赛指导、创新创业案例撰写等课程。

通过“一个讲堂、两大平台、六大模块”，创新创业课教育模式实现必修、选修课程的多向选择。两年修完基础、专业课程，重视知识传授、技能培养、素质提高的协调发展。第三年深入企业实践实习和毕业设计，锻炼学生的实践能力。以模具专业为例，对学生的模具使用、制造、设计、管理的能力进行培养。

2. “社团引导”是高职院校专业创新创业能力培养的关键

近些年，随着高校体制改革与素质教育的不断深入，高校学生社团作为校园文化的重要载体，对大学生的影响力和吸引力越来越扩大，学生社团在大学生成长成才中的地位也日益凸显。① 高职院校社团建设种类日渐多样、内容日益丰富，但是，针对高职院校专业创新创业社团建设并不多。有的只是个专业社团建设的躯壳，并无专业内容；有的是创新创业社团名称，从事的是没有技术含量的“小本生意”等现象。

如何通过社团引领，促进高职院校专业创新创业能力培养？笔者认为，建立“导师指导＋项目引导”创新创业模式，即学生专业社团在导师的指导下，以项目引导开展创新创业，专业社团建设必须融专业指导与项目开发为

① 李安英．学生社团：高校创业教育的有效载体［J］．当代教育论坛，2009（10）：96－98.

一体、专业技能与素质教育为一体、专业建设与人才培养为一体。

首先，要建立专业性质社团，专业社团要紧扣学生所学专业，配备专业指导老师，专业指导老师要经过严格的筛选，不仅要有较强的专业理论知识，还要有一定的科研能力和较强的实践能力。其次，专业社团学生要经过严格的选拔，参加社团的学生必须对专业感兴趣且有一定的科研能力，同时具有创新意识和创业激情。最后，专业社团建设必须通过一定的途径为社团争取项目研发，如学校可以通过企业、行业、政府等争取项目研发，通过项目引导和导师指导的作用，让研发项目作为创新创业驱动力，进一步提高高职生专业研究能力和研究水平。

专业社团建设和运行必须得到学校的大力支持。首先是政策支持：学校和二级学院或系部必须制定专业社团建设章程。建立严格导师选拔机制并给予相应的工作量。其次是学生在进行社团活动时，课程学分必须得以解决。如学生在社团项目研发过程中需要投入大量的时间和精力，对于一些基本素质课程、基本专业课程的上课时间难以保证，学校必须建立学分互换机制，社团学生在社团活动中做的一些事情或研发项目的成功可以与其实行学分互换，避免学生顾此失彼，分散学生参与专业社团活动的专注度。最后是学校层面必须为专业建设投入必要的支撑。如为专业社团建设提供场地支撑，对专业社团导师进行专业的创新创业教育培训，为专业社团的项目研发提供必要的资金支持等。

常州机电职业技术学院模具技术学院建立中国象棋棋盘与棋子的设计与加工、交流电机定转子冲片多工位级进模设计与制造、3D 创新设计及注射模设计等专业社团就有 10 个，每个社团配备了具有研究生学历、高级工程师、副高职称且具有理论知识丰富、科研水平高、创新创业能力强的导师队伍，每个社团配备导师数在 2 到 3 人。系部在学校的支持下完善了专业社团的建章立制，如为每个社团配备专业活动室，规定每周开展专业活动不低于 4 课时，参加各类国家级、省市级等技能大赛优先从社团选拔学生，实施社团活动与课程学分互换机制，制定社团的考核评优等制度，以确保专业社团的高效运行。

3.“平台助推”是高职院校专业创新创业能力培养的助力

开展创新创业教育需要依托平台，离不开设备和场地。高职院校专业创新创业则更加需要平台支撑和助推，在平台的助推下实现创新创业培训、创新创业模拟、创新创业实践、项目的研发、项目的孵化、项目的转化。在平台作用下让学生成功走向创新创业之路，利用平台的作用反哺创新创业课程建设和社团引领，进而更好地提升学生专业创新创业实践能力。

在课程渗透和社团引领的作用下，对专业创新创业的学生进行培训。常州机电职业技术学院就是依托学院创业园和江南装备制造技术产教园（简称产教园）为平台助推学生创新创业教育实施。在创业园内主要完成学生创新创业培训、创新创业模拟、创新创业实践，在产教园内完成项目的研发、项目的孵化、项目的转化。

在学院创业园内主要进行创新创业培训、创新创业模拟、创新创业实践。首先，对于创业意识比较强的学生，在学院创业园内进行重点创新创业培训，如对学生进行 GYB \ SYB 的创新创业教育培训，培训过程中融入专业课知识，让学生产生融进专业的创新意识和创业激情。由创新创业导师负责授课，在社团引领的作用下，寻找研发项目或者带着研发项目进行专业培训，对培训学生进行过程考核和期末测试，对考核通过的学生颁发结业证书，未通过者继续培训直到通过为止。其次，在创新创业培训的基础上进行创新创业模拟，目的在于进一步让学生进行虚拟的创新创业教育。学院组织创业园内指导老师、产教园相关专家和校外指导老师对学生创新创业项目进行检验，让学生模拟创业前的准备事宜，并对模拟过程中存在问题进行指导，为下一步创新创业实践做好准备。最后，在创新创业培训和模拟的基础上进行创新创业实践，依托创业园进行实践，学生拿出科学的创新创业规划书，由学院专家审核，审核通过者可以在专业指导老师（一般都是专业社团导师）的指导下得到一块创新创业实践场地。创业院内针对专业创新创业项目只提供一个平台，让学生在此平台上进行自我经营、自我管理的同时，学院给予一定的资金支持和政策扶植，其面对对象很大程度上是校内师生、校内合作企业的员工和其他工作人员。专业性较强的创新创业项目的创新创业资金、设备配备、技术支撑、企业合作等则需要学院产教园大力支持。

在学院产教园内进行项目研发、项目孵化、项目转化。对于创新创业技术性强、有待扩大发展空间的项目可以产教园为平台，依托产教园进行融资、技术支持、校企合作、项目引进、项目研发、项目孵化、项目转化等提升创新创业实践能力。创业者可以在产教园内借助入驻企业与其合作，进行项目研发，如模具系的3D创新设计及注射模设计专业社团就是依靠产教园的公差检测实训室、焊接机器人专业社团依托产教园的工业机器人技术实训中心等。在借助产教园的基础上由导师带领学生进行更加专业的产品研发，对于研发成功的项目要进行孵化，要把项目进行市场化运作。此时，可以选择与校企合作的企业合作，也可以与校外企业合作等途径实现项目孵化，让项目寻找一个可以社会化的平台进行生产，投入市场中去。在找到项目孵化的平台后，进行的就是如何把项目进行转化，转化为社会效益，在产生社会效益的基础上走出产教园或者主体留在产教园，项目转化是已经完全社会化的产物，也是创新创业教育的一个重要环节。

总之，关于高职院校专业创新创业能力培养的途径是多方面的。提出的“课程渗透、社团引领、平台助推”三位一体专业创新创业教育体系，有利于高职生专业创新创业素质培养，有利于高职生专业创新创业能力强化，有利于高职生专业创新创业能力提升。高职院校创新创业教育体系的构建为高职生专业创新创业能力的培养探索出了一条可行之路。

第六章 校企合作视域下高职院校创新创业教育研究

校企合作是高职院校人才培养的重要途径，通过校企合作进行高职生创新创业教育，有助于拓展高职院校创新创业教育平台，丰富创新创业教育内容；有助于提升创新创业教育指导教师能力和师资队伍实力；有助于创新创业教育的理论与实践相结合，寻找创业项目，提高创业成功率。

一、高职院校校企合作人才培养模式概念

模式即“某种事物的标准形式或使人可以参照做的标准样式”。在社会科学的理论研究中，主要是指根据观察分析所得并加以概念化和范例化的框架或思维“造型”。

高职院校企合作模式是指在政府、行业的指导下，学校与企业共同合作，以培养学生理论知识和技能知识为目的，以解决学生就业为最终目标的合作教学模式。[①] 基于校企合作的创新理念，有效整合政府、学校和企业资源，实现多样性的人才培养模式，提出了十条创新建议。[②] 跨学科研究校企合作模

① 赵娟．高职校企合作模式下学生培养机制研究［D］．内蒙古大学，2013.

② 蒋丹．论我国高校校企企合作模式的创新［J］．四川师范大学学报（社科版），2007（1）：71－75.

式，周井娟（2007）从经济学角度分析校企合作办学，对校企合作的信息不对称、博弈等进行了阐述。[①] 马希才（2008）借鉴关系营销理论对校企合作进行分析，主要从组织设计、资源配置和文化整合等三个方面提出高职校企合作可持续发展建议。从经济学和社会学发展角度看，职业教育离不开学校和企业的共同作用，同样，高职院校校企合作离不开高职院校和企业的共同努力，只靠学校或者企业难以培养出懂技术、精管理等较高素质的技能技术人才。改革开放以来，我国职业教育改革发展取得了巨大成就，中高等职业教育快速发展，职业院校基础能力显著提高，产教结合、校企合作不断深入，行业企业参与不断加强，中高职衔接呈现良好势头，进一步明确了高等职业教育人才的培养离不开校企合作。

高职院校校企合作人才培养模式为：在一定的教育理论、教育思想指导下，根据特定的培养目标和人才培养规格，以相对稳定的教学内容和课程体系为依托，不同类型学校人才的教育和教学模式、管理制度、评估方式及其实施过程的综合。[②] 人才培养模式是指人才的培养目标、培养规格、培养方案。它集中反映在人才培养计划（教学计划）上，包括专业培养目标、人才培养规格、学生知识、能力、素质结构、课程体系、教学内容及培养过程等。[③]

高职院校校企合作人才培养模式是建立在校企合作模式基础之上，校企合作模式决定人才培养模式，人才培养模式促进校企合作模式的变革与发展。

二、国内外校企合作人才培养模式

从世界职业教育的发展历程来看，职业教育是随着社会经济的发展和科技的进步而不断发展起来的。各国在职业教育的发展过程中逐步探索出各自

① 周井娟．“校企合作”人才培养模式的经济学分析［J］．江西金融职工大学学报，2007（1）：86－88.

② 余群英．高职人才培养模式的理论与实践探索——广东省高等职业技术教育研究会2004年学术年会综述［J］．高教探索，2005（1）：94－96.

③ 余群英．高职人才培养模式的理论与实践探索——广东省高等职业技术教育研究会2004年学术年会综述［J］．高教探索，2005（1）：94－96.

行之有效的发展之路，其中产学研结合、校企合作被公认为是职业教育人才培养的有效途径，尤以德国的“双元制”、澳大利亚“TAFE”模式、美国的“合作教育”、日本的“校企合作”等模式为世人所称道。在当前我国大力发展职业教育的形势下，认真研究、借鉴这些国家的成功经验，无疑对我国职业技术教育持续健康发展有着十分重要的意义。

（一）国外校企合作人才培养模式

1. 企业主导的德国“双元制”校企合作模式

德国“双元制”职业教育举世瞩目并始终处于世界领先地位，被称为德国经济腾飞的秘密武器。所谓“双元制职业教育”就是整个培训过程是在工厂企业和国家的职业学校交替进行，并且这种教育模式又以企业培训为主，企业中的实践和在职业学校中的理论教学密切结合。① 双元制的学员一般每周在企业里接受3—4天的实践教育，在职业学校里接受1—2天的理论教育。职业学校的教学任务主要是以专业理论来辅导和提高学员在企业中的实践培训成果，加深和补充普通教育的任务。所以，在整个职业教育中，大约60%是专业课程、40%是普通教育课程，企业的技能培训是“双元制”的主体，职业学校的教育是服务于企业培训的。

德国“双元制”是由政府对职业教育进行宏观管理，职业学校、行业主管部门和企业工厂组织实施的三重负责制的教育模式。接受“双元制”培训的学生，一般是在主体中学（相当于我国的初中）拿到毕业证书后，自己在劳动部门的职业介绍中心选择一家企业，按照有关法律的规定同企业签订培训合同，得到一个培训位置，然后再到相关的职业学校登记取得理论学习资格。这样，他就成为一个获得“双元制”职业教育资格的学生。他具有双重的身份：学校的学生和企业的学徒工。

德国政府为保证“双元制”模式的运行，陆续颁布了《职业教育法》《企业基本法》《职业教育促进法》等几十部法律，对政府、学校、企业、学

① 孙君辉．高职校企合作创新人才培养模式的改进与探究［D］．山东大学，2012．

生的责权利等都做出了明确的规定，辅以税收减免优惠、财政补贴及专项资金支持等政策扶持，逐步形成了校企合作、企业为主的职业教育运行机制。同时，按照德国法律规定，其行业协会 IHK 等行业组织在“双元制”职业教育中，作为政府的授权机构发挥了显著的作用，不仅负责处理对企业职业教育办学资格的认定、实训教师资格的考核和认定、培训合同的注册与纠纷仲裁等问题，还通过“考试委员会”负责考核与证书颁发，确保对人才培养的过程监控与质量监控。

2. 政府主导的澳大利亚“TAFE”模式

以澳大利亚政府主导，旨在加强校企合作，实现共赢的技术与继续教育的职业教学模式（Technical and Further Education）（简称“TAFE”模式），一时间风靡全球，主要原因在于其独特的教学标准，确实取得了卓著的成绩。

澳大利亚“TAFE”模式的历史仅仅四五十年，始于 20 世纪 70 年代中期，以耶・坎甘为主的技术与继续教育咨询委员会向澳大利亚政府递交了著名的《坎甘报告》标志着澳大利亚职业教育与培训体系的初步形成。该报告明确提出要将技术教育与继续教育结合，将学历教育和岗位培训结合，建立新型的 TAFE 学院，实施新型的技术与职业教育。此外，《坎甘报告》明确了 TAFE 的内涵与范畴，提出 TAFE“应该包括所有具有职业目的的教育课程”，设计这些课程的目的是传授职业为导向的知识，并且开发个人的理解力和技能。

澳大利亚联邦政府和各州政府为了推动 TAFE 教育的实施和体系构建，颁布了一系列涉及教育、经济的法律法规，把行业、企业囊括其中，规定企业每年用于员工培训的费用不能少于总工资额的 2%，还须派出掌握先进技术的一线人员对学生实践训练进行指导；规定 TAFE 学院与企业合作开展的实践教学活动必须占到整个教学计划的 50% 以上，奠定了这种教育模式与产业有效合作的基础。另一方面，为了提高企业参与合作的积极性，政府结合岗位需求，主导开发了职业教育与培训的技能认证证书，以培养达到国家职业能力标准要求和企业真正需要的人才。行业组织在 TAFE 教育体系中发挥着重要作用，不但参与 TAFE 学院的办学全过程，更重要的是协调政府、学院、企业的关系，积极宣传政府的教育政策，为学校提供企业的需求信息，向企业推介学院的教育培训项目，并对TAFE学院的专业设置、教学计划、课程安排等进行制定或审批。目前，TAFE学院大部分办学经费来自澳大利亚政府，企业的捐赠主要是先进的生产设备。

3. 美国合作教育模式

美国的合作教育始于1906年辛辛那提大学工程学院赫曼·施纳德教授的大胆尝试。新生入学后首先在大学里学习半年理论知识，然后以两个月为期限分别在企业进行技能训练和在学校进行理论学习，毕业前再在学校授课并完成毕业设计。该模式能够有效地减轻大学在实验实训条件建设上的负担，并能使学生毕业前就具备了就业的能力。①

美国合作教育模式有自身特点：一是特别重视实践教学，学生在校学习期间的实践课程学时占到总课时50%，能让学生做到实习和学校的相互交替，能把理论和实践更好地结合；二是紧密的校企合作，学校选择合作企业是严格标准的，首先必须符合人才培养目标，其次是学校、企业、学生三方签订相应的合作合同，明确各自的责任和义务。在教学实施环节过程中，学校和企业相互派人参与到学生的实践教学和理论教学。

4. 日本“校企合作”模式

日本“校企合作”模式是政府推动，以企业为主、学校为辅的合作教育。

学校和企业以科研合作为推手，以委托研究或共同研究为合作方式，既可以培养教师的双师素质，又可以培养学生的专业技能。为了做好产学合作工作，日本将产学合作上升到国家高度，先后出台了《科学技术基本计划》和《教育改革计划》，力求使校企合作制度化。

日本校企合作人才培养主要体现在两个方面：一是校企合作办学理念的体现，支持企业自主办学，促进企业发展，校企合作以企业为主，实践课比例远远高于专业课。二是以高新技术促进地方经济发展，日本职业教育有一

---

① 方华明．从STW到CBE——美国洲立大学校长RobertA. Corrigan谈美国职业教育特点与发展[J]．教育与职业，2006（1）：94－96.

定的区域性，学生入学和专业设置的落脚点都在地方经济上，不仅可以共同解决地方企业的困难，顺利转化为学校的最新研究成果，使科学技术转为生产力，促进地方经济发展，还可以利用地方政府提供的科研项目和基金提升学校的创新能力，提高师生的科研能力和技能技术。

（二）国内校企合作人才培养模式

我国的合作教育历史可以追溯到20世纪50年代的半工半读模式，经过几十年的理论和实践探索，校企合作教育初步形成了具有中国特色的人才培养模式，为经济社会培养了大批的应用型人才，有力地促进了经济社会的发展。从合作内容上看主要有高等学校的专家到企业任技术顾问（学校服务企业），企业为职业技术院校提供实习、实训的场所和师资（企业支持学校）、寻找“双赢”点，共同获取包括经济利益在内的己方利益，学校与企业共同制定和完善专业设置与课程选取，双师型教师模式，兴办校办企业或企业专办职院等模式等。[①] 目前，主要有“订单式”人才培养模式、“学工交替”人才培养模式和“准员工式 2 + 1”人才培养模式等。[②] 目前，国家已经出台政策鼓励探索现代学徒制的校企合作的人才培养模式，是高等职业教育今后校企合作人才培养的重点研究方向。

1. “订单式”人才培养模式

订单式培养也叫“人才定做”。它是指培训机构针对单个用人单位需求人数较少、岗位较分散的实际，自行开发并经劳动保障部门同意后组织明确就业岗位去向的技能培训；用人单位也可向劳动保障部门提出用工需求，由劳动保障部门有计划地委托培训机构根据用人单位用工需求组织实施。经考核鉴定后，用人单位与符合补贴条件的培训对象签订1年及以上劳动合同，并为其缴纳社会保险。关于“订单式”人才培养模式的概念目前还没有统一的认识，以下是几种有代表性的观点：

---

① 金爱茹．高职院校校企合作模式研究［D］．华北电力大学，2009.

② 李海燕．高职院校校企合作职业教育办学模式的研究［D］．山东师范大学，2008.

宋旭丽在《“订单式”人才培养模式的研究》中认为，“订单式”人才培养模式就是学校根据用人单位的需要，与用人单位共同制定人才培养方案，签订就业订单，双方在师资、技术、设备等方面合作，学生毕业后经考核合格直接进入用人单位工作的一种人才培养方式。[①] 王泓砚在《辽宁高职旅游专业“订单式”人才培养的问题及成因分析》中认为，“订单式”人才培养模式是指用人单位和培养单位签订培养及用人协议，为了实现预定的人才培养目标，双方利用各自的有效资源，在师资、技术、设备等方面实现共享，共同培养人才，评价人才培养结果，最后按照协议约定安排合格毕业生就业的办学模式。“订单式”人才培养模式的实质是产学合作，是校企双方共同培养企业需要的人才。即“订单式”人才培养是学校根据企业的用人需求及人才规格要求，双方共同制定人才培养方案，签订人才培养及就业协议，双方共同开发课程并充分利用有效资源培养学生，学生通过双方考核合格后直接到企业就业的一种人才培养模式。

“订单式”人才培养需要校企双方的高度信任，校企双方要全程参与学生的教育教学，企业要为学生在校期间提供技术、设备、培训、资金等方面的支持，学校要配合企业完成专业课程教学，培养学生过硬的专业技术。反之，订单式人才培养将受到阻力，难以完成既定培养目标。

2. “学工交替”人才培养模式

2005 年 11 月 7 日，总理温家宝在全国职业教育工作会议上指出：“有条件的地方和学校，学生可以一面在学校学习，一面在企业工作，工学结合、半工半读。这既可减轻学生和家长的经济负担，毕业后也容易找到工作。”“学工交替”人才培养模式是一种广为采用的人才培养模式，校企双方共同制定人才培养方案，学生在校学习和在企业实习交替进行，学工交替模式的主要特点是校企结合紧密，企业全程参与育人过程，包括人才培养方案制定、校内实训和校外实习指导，使学生能够有效进行学工交替，从而能够使技能

① 刘小芹．订单式培养高技能人才应具备的基本条件［J］．中国高等教育，2004（17）：38－38.

培养与企业需求无缝对接。①

目前，高职院校根据专业设置，进行的学工交替模式也多种多样，如一年三学期的学工交替模式，两年两学期的学工交替模式，旺季下企业、淡季进学校的学工交替模式等。不论哪种学工交替模式，需要校企合作的高度信任，需要企业为学校提供稳定的实习岗位，实习岗位的提供要对接学生的实际学习情况。

学工交替需要学生做好充分的思想准备，需要学生做好角色的转变。要求学生进学校则以学习理论知识为主，进企业以实践教学为主；进学校以学校的管理制度为主，进企业以企业的管理制度为主。这种学工人才培养模式给学生管理工作带来的问题较多，学生有时角色转变太快难以适应，需要管理者投入更多精力进行学生的日常管理。

3. "准员工式 2 + 1" 人才培养模式

"准员工式 2 + 1" 人才培养模式是一种学生在学校学习两年理论知识和基本技能，最后一年到企业顶岗实习的人才培养模式，由于该模式的学生以准员工的身份参加顶岗实习，所以该模式被称作"准员工式 2 + 1"人才培养模式。② "准员工式 2 + 1" 人才培养模式的构想首先来自对学生实习环节的反思，实习是高职教育的重要组成部分，是对学生在校期间所掌握知识和能力的运用和检验，是一门必修课，是学生将专业理论知识与生产实践相结合的重要环节，也是学生走向社会的必经之路。③

"准员工式 2 + 1" 人才培养模式正处于高职院校实施校企结合的改革的前沿地带。很多做法是在探索中前进的，因为是一年的实习时间，如果管理跟不上、教育教学跟不上会出现一些问题，如学生会对岗位不适应，进而导致离岗离职率增高、学生思想不稳定，认为学校和企业把自己当成廉价劳动

---

① 孙君辉．高职校企合作创新人才培养模式的改进与研究［D］．山东大学，2012.

② 蒋秋燕，孙连富，刘向松，方丽．"准员工式 2 + 1" 人才培养模式中顶岗实习过程管理的探索与实践［J］．山东商业职业技术学院学报，2009（6）：34 – 36 + 56.

③ 方黛春．高职 2 + 1 校企合作人才培养模式的实践研究：以 NBCSZJ 学院为例［D］．华东师范大学，2008.

力；企业动力不足，以为是实习生，对实习生的岗位重视程度不够，给实习生的劳动薪水比较低；企业主管人员或者师傅对实习生不够重视，不能很好地带领实习生学习专业技术等问题。

4. “现代学徒制”人才培养模式

“现代学徒制”是与传统学徒制相对应的一个概念，它是建立在传统学徒制基础之上的。现代学徒制传承了传统学徒制的一个核心特征：即师傅带徒弟的教学方式；同时，又加入了现代学校教育的特点。因此，“所谓‘现代学徒制度’是将传统的学徒培训方式与现代学校教育相结合的一种‘学校与企业式的职业教育制度’”。[①] 也可以说是以“招工即招生、入企即入校、校企双师联合培养”为主要内容的校企联合人才培养机制，是产教融合的基本制度载体和有效实现形式，在现代学徒制人才培养机制中，学徒具有双重身份，他们既是学校的学生也是企业的员工。这一概念指明了现代学徒制所涉及的两个重要主体：学校和企业；现代学徒制的特征是结合了学校和企业双方的优势；现代学徒制的形式是建构一种职业教育制度。

根据《国务院关于加快发展现代职业教育的决定》（国发〔2014〕19 号）和《教育部关于开展现代学徒制试点工作的意见》（教职成〔2014〕9 号）有关要求，现代学徒制人才培养模式才刚刚起步。在我国，现代学徒制的发展还处于起步阶段，并面临诸多问题。其一，关于什么是现代学徒制，在实践界还比较模糊，也搞不清其本质特征，在实践中无法把握；其二，在我国，推动现代学徒制发展的是教育部门和职业学校，行业企业的参与不足与国外行业企业积极参与形成强烈对比。[②]

为此，现代学徒制人才培养模式需要得到学生、学校、企业的三方认可，要做到建立校企联合招生招工机制、完善校企联合育人培养机制、实行学分制和弹性学制、提升学徒培养能力等，建立落实现代学徒制可以实施的政策，不能单纯依靠教育部门，必须由政府主体支持的规划和设计，政府要履行自

① 赵志群．职业教育的工学结合与现代学徒制［J］．职教论坛，2009（24）：55．

② 杜广平．我国现代学徒制内涵解析和制度分析［J］．中国职业技术教育，2014（30）：88－91．

身职责，充分发挥行业协会的作用和提高职业学校的教育教学质量来促进现代学徒制的实施发展。

三、校企合作下高职生创新创业教育的特征

（一）理论与实践相结合增强创新创业教育的针对性

创新创业教育需要理论基础的掌握，更需要实践的指导。但是，有的高校把创新创业理论教育与实践分开，这样导致创新创业教育的片面化、单一化，造成学生不能把理论知识和实践有效结合，慢慢地丧失对创新创业教育的热情和兴趣，严重的将产生叛逆的心理和行为，造成创新创业教育没有实现教育的效果和意义。高职院校校企合作是进一步完善理论学习与实践指导学生实验实训的有效途径。高职生可以利用校企合作机会形成资源共享，能够在学校学习创新创业教育理论知识的同时进行企业创新创业教育的实践。如可以利用企业优势寻找创业项目，利用企业搭建创业项目平台等。因此，校企合作下高职生在创新创业教育中坚持发挥自身的主观能动性，培养独立人格和向上的人生态度，在学习中领悟真理的意义，在实践中强化对理论的认知，从而达到在创新创业教育中激发人的最大潜能的作用，增强了其针对性。

（二）高职院校与企业互补突出创新创业教育的有效性

高职院校与企业之间的合作，能够实现资源优势互补，人才培养相互配合，强调合作协同培养学生的创新创业教育，达到切实的实效性目标。在高职生创新创业教育的培养过程中，以立德树人教育为核心，社会主义核心价值观为引领、实验实训平台为载体等，对高职生创新创业教育具有正向作用。校企深度合作有助于实现创新创业教育合力最大化。校企深度合作能形成高职生创新创业教育创业文化，这种文化既有学校理论学习与专研，也有企业实干与实践，把这种创新创业文化沉淀到高职院校创新创业教育中去，培养高职生创新创业教育兴趣。让高职生了解企业工作环境、就业前景和就业压

力，使高职生的学习生活受到强烈的冲击，进一步激发创新创业激情。

四、高职院校校企合作下高职生创新创业教育 SWOT 分析

（一）高职生创业 SWOT 分析

1. 校企合作模式下高职生创业优势（S）

高职院校不但为企业培养优质优量的技术人才，更能为学生创业提供具有技术含量的创业平台。高职院校学生创业的主体是学生，那么企业就是高职生创业的实践基地，学院就是高职生创业之路的桥梁。如何让学生拥有更便捷、更有质量的创业之路，高职生在校期间就要模拟创业环境、创业项目、市场研发等创业中遇到的问题。高职院校要充分利用自身特点，尤其是校企合作模式的高职院校，不管是什么样的办学模式，高职院校要建立“学校中有企业，企业中有学校”的高职生创业实践基地，这是高职院校培养学生职业素养和创业精神的重要途径之一，打造产学研孵化器是高职生理论与实践相结合的重要平台，实行校企合作模式下的高职生创业路程。

校企合作下的高职生有充足的师资资源、企业资源和社会的其他有利资源可以利用。同时，高职生可以利用自己的激情和奋斗培育创业意识、创业精神、创业品质、创业能力。

2. 校企合作模式下高职生创业劣势（W）

《高校毕业生自主创业研究》报告显示：中国高校毕业生自主创业绝对人数比例小，只占 1.94%，且多是从事社会服务的。而在美国这一比重高达 20% ~23%。麦克斯公司在对大学生自主创业的困难调查中，排在前五位的依次是：缺少资金（31%），市场推广困难（25%），缺乏企业管理经验（20%），技术水平不够高（8%），项目论证不够（4%）。校企合作模式下的高职生缺乏必要的资金积累，又没有足够的资本可供抵押，理论学习时间较短，尤其是“2 +1”的办学模式，理论学习时间更加有限，虽然对创业的激情很高，但是对创业方向和技术研究不够深入，融资困难是制约高职学生创

业的首要因素。同时，我国大学生创业环境，尤其是高职院校创业环境也是制约高职生创业的重要因素。

3. 校企合作模式下高职生创业机遇（O）

《关于进一步深化大学教学改革全面提高教学质量的若干意见》指出："研究建立人才需求的监测预报制度，定期发布高等教育人才培养与经济社会需求状况，引导高等学校及时设置、调整专业和专业方向，深化人才培养模式、课程体系、教学内容和教学方法等方面的改革，实现从注重知识传授向更加重视能力和素质培养的转变。"国家明确提出以创业带动就业，这是大学生创业的最好机遇，当前工商、税务、卫生等部门对应届大学生创业实行了多项优惠政策，免息的小额贷款等。江苏省关于大学生创业优惠政策明确提出八条措施。校企合作模式下的高职生跟企业接触的机会更多，在学校或在实习单位可以提前与更多的企业接触，这就为创业提供更多途径。

4. 校企合作模式下高职生创业威胁（W）

人才的激烈竞争和高科技时代的数字化发展，经济全球化和复杂的金融危机背后充斥着就业岗位需求的多样性；我国普通毕业本科生人数的快速增长和诸多职业技能培训班等诸多原因严重威胁着高职院校学生就业与创业，本科生降低要求进入原本高职生工作岗位，尤其是目前我国对技术含量较低的工人需求激增，众多小学文化、初中文化、高中文化，更甚者是没有文化的人员经过企业的简单培训和培训机构的短时间培训就能上岗的现象对高职生的就业形成很大冲击。同时，高职院校的毕业生剧增等因素严重影响着高职生就业率。另外，个人身体健康隐患、家庭不稳定因素、糟糕的财务状况及还款压力等都是潜在的威胁。

（二）校企合作模式下高职生创业战略分析

通过对高职生自主创业的优势、劣势、机会和威胁的详细分析，并把以上四者有机结合起来，形成SO、ST、WO、WT战略（见表3）。

表3 高职生自主创业的SO、ST、WO、WT战略

	优势（strength）	劣势（weakness）
机会（opportunity）	SO战略：高职生在创业决策中要充分运用自身的知识资本，利用校企合作便利，利用好国家鼓励政策等机遇，选择竞争不是那么激烈的、自身熟悉的项目，避开与之竞争激烈的本科院校学生创业而着手创业，从而带动就业，实现自身价值	WO战略：高职生要清楚认识自身的劣势，要对创业风险有清楚的认识，克服侥幸等不良意识，利用国家、政府等有利政策，选择对自己有利的行业进行自主创业，或者先进入类似企业中进一步锻炼和完善自己，增长经验和知识，为下一步自主创业做好扎实的准备
威胁（threat）	ST战略：高职生在创业决策时要对不利条件进行深入分析，尽量回避创业威胁所带来的不利影响，同时要充分发挥知识丰富、专业性强的优势融入市场竞争中，以实现自己的创业目标	WT战略：高职生要面对自身所存在的不足和金融危机下的外部创业环境，克服自身的劣势和环境所带来的不利影响，延迟创业，采取“先就业再创业”战略，在就业过程中不断学习创业所需知识，积累市场经验，增强自身创业力，从而达到自身的最优规划

1. 抓住机会，利用优势（SO战略）

利用校企合作优势，加强就业指导，改善创业条件，培养学生的创业能力，也就是为学生特别是毕业生创造机会去进行创业实践，在实践中树立创业意识，拥有创业精神，进而具备创业能力，更能适应社会需要。例如，在校内试办企业；建立社区服务中心；建立校外教学基地；邀请本地区杰出的个体创业者来校作“创业报告”，或邀请历届毕业生在“自我谋职”有成就的各行各业人才回母校讲述创业的经历和心得体会，开启学生的创业思路；以及参与全国性的创业计划大赛等。选择易接受新事物的优势，利用好国家政策和地方对创业补助大好机遇，选择投资较少、专业对口的项目着手创业，从而带动就业、为当地创造更多的价值、实现自我价值。

2. 利用机会，克服劣势（WO战略）

高职生在创业过程中，应该清醒认识到自己的劣势，想办法克服劣势，在高职院校开展创业教育基地和创业教育课程，邀请母校成功创业人士回校进行创业指导或讲座，同时在高职生创业决策过程中应充分发挥创业门槛较低但悟性高，市场狭小但发展前景较大等优势，克服劣势，更好促进高职生创业。

3. 利用优势，挑战威胁（ST 战略）

机遇与威胁并存，从威胁中寻找机遇，高职生面对威胁要对不利环境深入分析，尽量回避创业威胁所带来的不利影响，同时还要敢于挑战威胁、超越自我，充分发挥知识丰富、专业性强的优势融入市场经济的大潮中实现自己的创业梦想。

4. 克服劣势，回避威胁（WT 战略）

怎样在劣势中寻找机遇，怎样避开威胁迂回发展，怎样克服劣势回避威胁，这不仅是高职生面临的问题，也是所有大学毕业生创业必须经历的问题。校企合作模式下的高职生更容易克服劣势回避威胁，因为他们有着很多有利条件。在逆境中发展，在逆境中创业，其创业质量会更高，创业前景会更广。

总之，校企合作模式下高职生创业指导是一项长期系统性的工程。在目前高校就业难的情况下，作为高职生更应该发挥其职业理论过硬、动手能力强、与企业联系紧密等优势，勇于展现自我价值，充满信心地开辟创业之路，以创业更好带动就业。

五、高职院校校企合作创新创业教育协同育人

高职院校校企合作创新创业教育协同育人是充分调动企业、学校、学生参与的培养高质量技能技术人才的途径之一。影响校企合作创新创业教育协同育人效果的原因有管理者的素质水平、思想教育水平、合作模式、合作内容等要素。笔者根据校企合作创新创业教育协同育人存在的问题及原因，从校企合作思想协同育人、管理协同育人、技术协同育人、素养协同育人等方面分析提高校企合作创新创业教育协同育人对策，进一步提高校企合作创新创业教育协同育人质量。

高职院校校企合作创新创业教育协同育人要校企之间互相配合、互通有

无、彼此沟通，从思想政治教育、管理、技术培养、素养提升等方面实现创新创业教育协同育人。

（一）高职院校校企合作创新创业教育协同育人存在的问题

高职院校校企合作目的是为企业和学校实现双赢，合作模式、合作内容、合作目的都是为了创新创业教育协同育人。由于企业和学校在创新创业教育协同育人过程中的主体地位不一样，如大部分校企合作是学校主导、企业参与，或者是企业和学校双主体的合作模式，但在实际合作过程中还是出现学校热衷于人才培养，而企业忽冷忽热，只要能为企业培养满足企业需求的技术人员，企业就会全力投入。反之，则会应付了事。究其原因，主要是校企合作创新创业教育协同育人过程存在以下问题：

1. 思想不统一，缺乏认识统领

高职院校校企合作创新创业教育协同育人需要企业和学校领导的思想统一，认识统领。在校企合作创新创业教育协同育人过程中，企业领导者认为和学校合作无非就是为学生培养投入些设备和资金，创新创业教育协同育人主要是学校的事情，企业只等学生工学结合、实习或毕业后来企业上班。学校在校企合作创新创业教育协同育人过程中热衷于校企合作的过程和形式，认为只要和企业合作，解决学生工学结合渠道、实习单位、就业问题等就万事大吉的错误思想，导致在校企合作开始的时候没有从创新创业教育协同育人的深层次去分析。同样，校企合作模式下辅导员与企业班主任工作缺乏协同性，高职院校校企合作创新创业教育协同育人的基础管理离不开辅导员、班主任的作用，由于学生在校以校内辅导员（班主任）管理为主，企业实习以企业班主任为主，容易出现两者各自为战，互不买账，无法形成整体合力。辅导员是开展学生思想政治教育的骨干力量，是伴随学生成长的第一人，辅导员的首要工作就是思想理论教育和价值引领。辅导员应将思想政治教育工作贯穿到学生的学习、生活、工作各个方面全过程，使学生不断提高自己的政治素养，坚定政治方向，引导学生树立正确的思想观念；而企业班主任则更注重学生的课堂管理和专业学习情况，如迟到、旷课、上课注意力不集中、作业未完成的情况。辅导员和班主任是学生日常学习生活的大管家，更了解学生的心理和思想动态。然而提高辅导员与班主任工作的整体协同性需要学校和企业拥有共同的价值追求以及相互理解相互配合，但在实施过程中还是存在一些问题，如学校布置的活动，辅导员直接安排学生，班主任不参与、不管、不理等情况，或者企业安排学生的项目，辅导员不了解、不配合、不参与，甚至出现双方互相不认可的情况。导致校企合作创新创业教育协同育人思想认识不够重视，校企合作创新创业教育协同育人思想不统一，缺乏认识统领。

2. 管理不完善，合作内容难落实

高职院校校企合作创新创业教育协同育人是校企双方根据自身需求，围绕把学生培养成学校满意、企业需要、社会认可的目标进行。校企合作创新创业教育协同育人的模式多样、内容丰富，如订单班培养、企业学院等种类繁多的合作模式，合作内容涉及校企联合培养，如学生在学校和在企业交错学习、实践，校企双方互聘教师授课、人才培养研讨等众多内容。但是在具体合作过程中还是出现企业由于任务繁忙，不能安排学生到合适的岗位实习、学习，不能派出技术过硬、理论较强的员工参与到人才培养过程中来等现象。学校在创新创业教育协同育人过程中虽然尽心尽责，走访企业进行调研，制定人才培养方案，在制定人才培养方案时出现对人才培养目标定位不准、校企合作时间与内容不科学，人才培养标准过高、校企合作过程中学生在企业的学习、实习时间不是过短就是过长等现象。在校企合作创新创业教育协同育人管理过程中有的学校只是简单地把学生派到企业实习，在实习过程中不跟踪或跟踪不到位，出现学生实习不顺或岗位不对口的时候不能及时解决问题等现象。学生在企业学习、实习过程中，学生有问题反映不能得到企业重视，只是把学生当做临时工看待等诸多问题都不能得到及时解决。校企合作育人管理不完善，合作内容落实不到位成为制约校企合作创新创业教育协同育人的瓶颈所在。

3. 技术难对接，技术培养不到位

高职院校校企合作创新创业教育协同育人的主要目的之一是培养学生掌

握过硬的专业技术，在校企合作育人过程中技术培养是创新创业教育协同育人重要内容之一。学生在学校主要学习理论知识和实践操作技能，只有进入企业才能真正体验生产技术需要，才能感受企业对技术人才需求，才能体会技术在自己职业发展过程中的重要性。校企合作育人在技术培养过程中存在技术对接滞后或者对接内容不统一的现象，如在校企合作过程中学生技术学习、实验实训、技能竞赛等方面需要校企深度对接，达到实习即生产的目的，对技术的专业程度需要紧密对接，而有的校企合作协作育人只是把学生放在与学生技术相关的行业中去实习，不能紧密对接，造成学生专业技术学习有偏差。专业技术培养不精准、掌握程度不熟练是制约专业培养的主要因素。同时在协同培养学生职业素养上，在实行校企合作过程中，学校没有很好选拔优秀的企业进行合作创新创业教育协同育人，导致校企合作创新创业教育协同育人过程中学生技术学习不全面、操作不规范、职业素养难提升的不良局面。

（二）高职院校校企合作创新创业教育协同育人存在问题的原因

高职院校校企合作创新创业教育协同育人存在问题是多方面的，造成问题突出的原因也是多方面。

1. 校企合作创新创业教育协同育人机制不够完善

机制强调的是一种相互适应、相互制约和自行调节的关系，以及在各要素之间发生的运行过程和相互作用的方式。高职院校校企合作创新创业教育协同育人机制的建立需要学校、企业，乃至政府与行业的参与。校企合作创新创业教育协同育人机制不够完善主要体现在合作双方顶层设计的出发点并未完全围绕为社会培养技能技术人才的目标出发，没有从各自实际情况出发，合作内容具体的运行机制没有充分调动各自资源参与到协作育人中来。对创新创业教育协同育人过程中出现的问题不能及时快速解决，导致校企合作创新创业教育协同育人双方都被动，人才培养机制不能贯彻执行等。

2. 校企合作创新创业教育协同育人共同体没能建立

学校、企业、学生可组成一个共同体，也可以称之为利益共同体。学校实现人才培养目标，企业实现用人需求，学生学会技能技术等，在校企合作创新创业教育协同育人过程中三者形成利益共同体，需要三方的共同努力完成创新创业教育协同育人的目的。在校企合作创新创业教育协同育人过程中一开始就忽略了学生的主体需求，在协同育人的开始并没有征求学生的意见，虽然进行数据调研，还是缺乏学生的参与。在创新创业教育协同育人过程中合作方出现为了各自利益不去履行合作内容条款，对出现问题不去解决，也出现学生在校企合作过程中应付了事，只要自己能毕业，无所谓自己的实习内容如何，技术掌握如何，得过且过，不向学校和企业反映存在问题等现象。造成协作育人共同体难以形成，校企合作创新创业教育协同育人合力不能达到最大化。

3．校企合作创新创业教育协同育人执行力不到位

执行力是指有效利用资源、保质保量达成目标的能力，指的是贯彻战略意图，完成预定目标的操作能力，是把规划、目标转化成为效益、成果的关键。在校企合作创新创业教育协同育人过程中不仅需要顶层设计，更需要参与教育教学管理的、生产管理的专业教师、实验实训教师、辅导员（班主任）、企业技术人员、企业基层管理者、企业员工等人员的参与。在校企合作创新创业教育协同育人过程中出现参与人员不负责、不尽力，有制度不执行或执行不到位的现象，如学生在企业实习每天需要 8 个小时，而企业基层人员让其实习低于 8 个小时；帮带师傅本来应该详细指导学生技能技术，但帮带师傅却不愿意指导等。其次是学校的教育教学人员同样不完全执行创新创业教育协同育人的任务，出现学生实习成绩管理不严、审核不实、得过且过等不良现象。执行力的不到位是严重影响校企合作创新创业教育协同育人的因素之一。

（三）加强高职院校校企合作创新创业教育协同育人的路径分析

《国家中长期教育改革和发展规划纲要（2010—2020）》确切指出，构建完善的以政府作为主要导向，以行业作为引导、公司参与的办学制度，确立推动校企合作办学的立法体系，促进制度化的校企合作发展。加强高职院校

校企合作创新创业教育协同育人需要在制度保证的前提下在思想、管理、技术、素养四个方面下工夫，确保校企合作创新创业教育协同育人达到企业认可、学校满意、社会需要的目的。

1. 加强校企合作思想交流

加强高职院校校企合作创新创业教育协同育人教育对于高职生人才培养具有重要的推动作用。加强校企合作是校企合作创新创业教育协同育人的前提和基础，校企双方要定期和不定期进行思想交流，了解学生培养现状、合作情况，掌握学生思想动态，尤其是校企合作创新创业教育协同育人的成果即毕业生，毕业生在企业实习之后一部分学生留在企业工作，一部分离开实习单位。无疑，留在企业工作是校企合作中企业想要的结果。同时，留在企业工作的学生工作时间不长就选择跳槽或离职，原因在于学生在校企合作过程中创新创业教育协同育人的思想政治教育缺失，学生在学习和实习过程中思想不稳定，学生对自己的技术学习情况和未来就业不清晰。只有加强校企合作创新创业教育协同育人的管理者和教育者的思想政治教育，才能从根本上促进学生的思想政治教育，才能稳定学生学习、实习心态，明确其就业方向，才能在校企合作创新创业教育协同育人过程中保持育人的稳定性和校企合作创新创业教育协同育人的长期性。

2. 加强校企合作制度建设

俗话说“无规矩不成方圆”，加强校企合作制度建设是其管理创新创业教育协同育人的重要保障。重点是做好管理者的协同管理工作。管理协同育人需要校企合作双方科学制定校企合作管理制度，管理制度既要满足企业需求又要满足学校人才培养目标，同时能提高人才培养质量。管理协同育人需要双方明确合作内容、职责清晰、责任明确，不管是学校主体还是企业主体或者是双主体都需要管理者科学制定校企合作制度。管理者双方要从提供人才培养基地建设、实验实训场地建设、人才培养设备等方面的硬件设施出发，同时企业要根据自身发展情况和实际需求，制定校企合作人才培养标准，学生在企业实习期间的成绩由企业或者校企共同考核等。同样，学校在学生校企合作过程中的成绩也需要企业给予评判，学校和企业共同考核才能做到校企合作创新创业教育协同育人效果。为此，管理协同育人需要不断深入企业和学校，了解学生实际学习、实验实训、实习情况，发现问题解决问题，才能更好地做到管理协同育人。

3. 加强校企合作技术融合

高职院校校企合作的核心内容是技术协同育人，把培养对象培养成懂管理、技术过硬、素质高的一流技能技术人才。技术协同育人关键是在技术的培养上，需要校企合作双方重点培养学生技术的学习和应用。重点要做到以下几个方面：一是加强校企双方的技术支持，技术培养目标的制定，如企业为学校提供先进的实验实训设备、先进的技术支撑，企业委派专业技术人员参与到学校人才培养过程的制定，把企业对技术的需求写入人才培养方案。二是委派专业技术人员定期到学校为学生上课，讲解企业技术和企业文化，重点就企业发展技术前沿和现有技术掌握教授学生。三是在学生进入企业实习过程中，学校专业教师要深入企业进行理论教学，做到理论与实践相结合的现场教学。四是学校和企业共同制定学生技术考核标准，把学生当成准员工对待。只有做到技术创新创业教育协同育人全方位跟进才有可能培养出一流的技术人才，才能实现校企合作创新创业教育协同育人的目标。

4. 加强校企合作科学评估体系建设

高职教育区别于普通教育的一个明显的特点是它的职业性，培养学生的职业素质是高职院校在确定培养目标时必须考虑的问题。在高职院校进行的所有教育活动中，不考虑职业素质的发展是不现实的。高职院校校企合作创新创业教育协同育人过程中素养协同育人标准是人才培养的重中之重，所以在校企合作创新创业教育协同育人过程中必须考虑素养协同育人标准。校企合作创新创业教育协同育人主要是学校和企业协同管理、协同教育、协同完成人才培养方案制定、实习任务管理、就业岗位落实等，实现校企合作创新创业教育协同育人目的。探索校企合作多元化评估体系与评估方法是校企合作素养育协同育人的重要保障，评估内容涉及校企合作基础、合作协议签订、合作过程实施等方面，素养协同育人需要校企双方制定定性考核和定量考核相结合的评估办法，评估内容中每个环节所占分值不一样，如学生技术掌握、学习态度、操作规范等全方位考核。评估目的主要围绕高职生创新创业能力，强化学生素养提升，让学生感受企业文化，了解企业员工技能技术要求、职业素质要求等，重点做到培养学生正确的世界观、人生观、价值观，培养学生较好的职业素养。

5. 加强思想政治教育队伍建设

在校企合作创新创业教育协同育人的背景下，创新创业指导教师、专业教师、辅导员（班主任）、管理者是实现创新创业教育理论育人和实践育人的基础。一是专业教师队伍。企业方为每个校企合作班配备一名讲师和讲师助理，由他们进行大学三年的专业课教学，他们在平时的课堂教学中，与学生接触最多，最容易获得学生的认可。但校方应积极组织参与教学的企业人员定期进行创新创业教育培训，提高专业教师的思想水平、政治觉悟，专业教师把职业相关的要求和思想等有关内容融入教学中去，既利于丰富课堂内容，又利于学生的认同。二是加强辅导员与企业班主任的沟通。辅导员和企业班主任是学生日常生活的大管家，能够更加深入细致地对每个学生开展有针对性的思想政治教育工作，该工作要求辅导员和企业班主任都要加强理论学习，提升政治素养和业务能力，共同参与指导学生创新创业教育，促进学生成长成才。

高职院校校企合作创新创业教育协同育人应立足培养基础应用型高素质人才，要提高创新创业教育协同育人质量，重点做好校企合作创新创业教育协同育人双方管理者的顶层设计、思想教育、执行力的协同提高，同时做好育人对象的思想政治教育、管理教育、技术教育、素养教育，只有参与到校企合作创新创业教育协同育人的所有主体共同努力才能实现创新创业教育协同育人的最终目的，才能培养出更多创新创业人才。

后 记

研究高职院校创新创业教育的文章较多，研究的形式和内容也比较丰富。本书主要是作者结合多年的高职院校学生教育管理经验，结合自己给高职生创新创业授课和指导其参加各类创新创业技能竞赛心得，从创新创业教育内容、社会主义核心价值观教育、职业发展、校企合作等方面进行高职院校创新创业教育研究，旨在为高职生创新创业教育提供理论指导和经验借鉴。本书是在常州机电职业技术学院“双高计划”建设、承接教育部《职业教育提质培优行动计划（2020—2023 年）》中名班主任工作室建设之际撰写。由于工作水平有限，书中有一定的疏漏和欠妥之处，敬请专家和读者批评指正。

版权所有 侵权必究

图书在版编目（CIP）数据

高职院校创新创业教育研究 / 李兵著. -- 湘潭 : 湘潭大学出版社, 2023.5
ISBN 978-7-5687-1135-7

Ⅰ. ①高… Ⅱ. ①李… Ⅲ. ①高等职业教育—创业—人才培养—研究—中国 Ⅳ. ①G718.5

中国国家版本馆CIP数据核字（2023）第096732号

高职院校创新创业教育研究

GAOZHI YUANXIAO CHUANGXIN CHUANGYE JIAOYU YANJIU

李兵 著

责任编辑：李志红
封面设计：张 波
出版发行：湘潭大学出版社
社 址：湖南省湘潭大学工程训练大楼
电 话：0731-58298960 0731-58298966（传真）
邮 编：411105
网 址：http://press.xtu.edu.cn/
印 刷：长沙鸿和印务有限公司
经 销：湖南省新华书店
开 本：710 mm×1000 mm 1/16
印 张：12.5
字 数：210千字
版 次：2023年5月第1版
印 次：2023年5月第1次印刷
书 号：ISBN 978-7-5687-1135-7
定 价：48.00元